人物叢書

新装版

調所広郷

ずしょひろさと

芳　即正

日本歴史学会編集

吉川弘文館

調所広郷肖像（尚古集成館蔵，本文217頁参照）

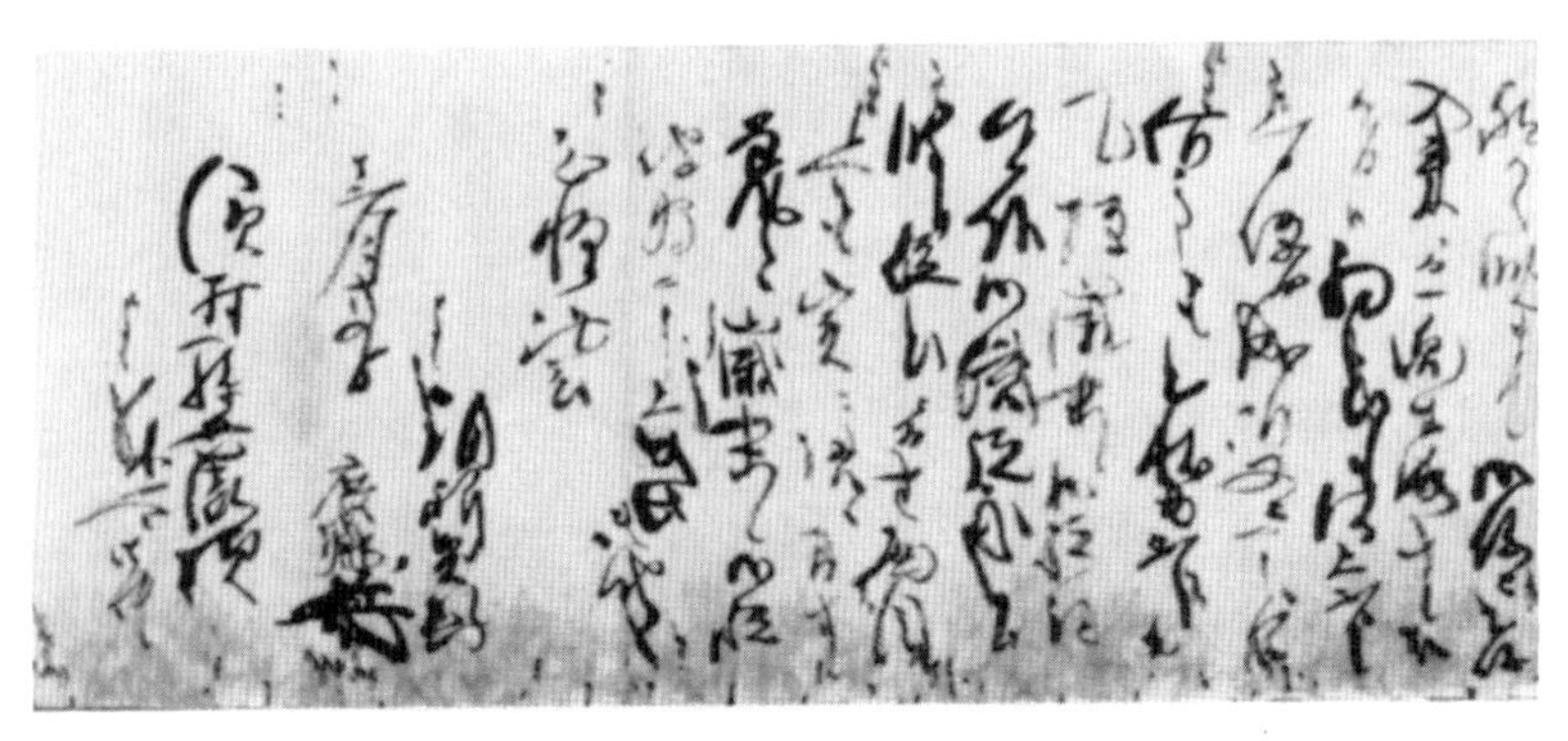

調所広郷書簡（前後略，天保５年12月29日）

朝から晩まで御役々書役
入来ニ而、一円寸暇無之候
近日ハ細書も得上不申候
三日便より成行又々可申上候
何方へも書状遣不申候共
乍憚歳末之御祝詞
宜様御演説可被下候
時々位ひニ而無面目
候へとも、実ニ認候間無之
荒々歳末之御祝
儀為可申上如此御座候
恐惶謹言

調所笑左衛門
十二月廿九日　広郷（花押）
浜村孫兵衛様
参人々御中

はしがき

幕末維新期の鹿児島の藩政・県政は、島津斉彬を敬慕する誠忠組の人びとによってリードされた。したがって斉彬と対立する形になった調所広郷については、その事業と共に全く無視され、調所の事業もともすると斉彬の事業として伝承される傾きがあり、俗説では調所はまるで悪役扱いであった。

しかし調所の財政改革がなく藩財政が厖大な赤字を抱えたままで、その上国産品収入も思うにまかせぬ状態であったとすると、斉彬の事業やその弟久光の活躍はどうなっていたであろうか。それはともかく斉彬以後の薩摩藩活躍、それは近代日本の夜明けを準備するものであったが、その背景に藩財政の安定があったことは歴然たる事実であり、その点調所の存在を抜きに、薩摩藩のみならずわが国幕末史の展開を考えることはできないはずである。しかし調所は無視され続けた。

それが西南戦争の勃発後から鹿児島県政を担当した渡辺千秋（初め大書記官、のち県令・知事）が調所の事業に着目、それにこたえて海老原清熙の著述が生れたが、公刊されなかったため一般の調所観を改めるには至らなかった。その後明治三十九年五月十日から三十一日迄、『鹿児島新聞』が十八回にわたり「偉人調所」を連載して、一般の啓蒙を行ったものの、読者層の薄い当時その影響には大きな限界があったであろう。また小牧昌業博士の稿に「調所広郷の経済政策と佐藤信淵の薩藩経緯記」があるが、これも公刊されなかったようである。

しかし大正十五年「薩藩天保度以後財政改革顛末書」が公刊されて、海老原の著述が初めて多くの人の目にふれるに至り、翌昭和二年土屋喬雄博士の『封建社会崩壊過程の研究』第三編で、調所の事業が学問的に整理公開され、ここに調所の事業はわが国学界の共有財産となるに至った。

次いで戦後昭和四十一年鹿児島大学名誉教授故原口虎雄氏の『幕末の薩摩―悲劇の改革者調所笑左衛門』が公刊され、新書判であったこともあって広く世の人の調所観を改める上に役立った。しかしそれでもまだ調所伝として正面から取上げたものは公刊されておらず、原口教授にしても調所直筆の多い上村文書を参照しておられるものの、その利用には不充分な面がみられる。

筆者も早く本書執筆を約束しながら遷延、その間その前提となる『島津重豪』を本叢書に執筆した。そして今回改めて上村文書を基本に調所伝を検証することに努めた結果、いくつかの点で従来の通説に誤謬のあることを発見、訂正することができた。その最大のものは調所が茶道坊主として出府以来、ずっと重豪の側近にあったとすることの誤りを発見したことである。論証の要から史料の引用が多くなり煩しさを増した。そこで史料はすべて読み下しとし、かつ本叢書の性格を考えて当用漢字・現代仮名遣いに改め、読み仮名を加えたりした。

いっぽう最近黒田安雄氏を初め上原兼善氏、松下志朗氏その他中堅研究者による薩摩藩関係の史的研究が大きく進展し、それらの研究成果を利用することによって、調所の事績をより深く整理することができた。また二十数年前からの度々の訪問にも心よく迎えていただき、史料利用の我がままを許していただいた上村秀(しげる)氏をはじめ、鹿児島県歴史資料センター黎明館史料調査室（旧維新史料編さん所）及び鹿児島県立図書館、そのほか本書成立に何かと大きな力を貸していただいた方々や諸研究に、心から甚深の謝意を表する次第である。

最後に家計不如意の中から筆者の東京遊学を許してくれ、その卒業を目前に他界、今年二月五十回忌を迎えた亡父に本書を捧げる。

昭和六十二年二月

芳　即　正

目次

口絵

挿図

第一　幼少のころ

一　出生

川崎家次男

薩摩藩天保改革の立役者となる調所広郷(ずしょひろさと)は、安永五年(一七七六)二月五日、川崎主右衛門(しゅえもん)基明(もとあき)の次男として、鹿児島城下に生れた。幼名は良八。母は竹下与右衛門の娘という。後に調所の強力な片腕となって改革事業に奔走する海老原(えびはら)宗之丞清熙(きよひろ)の記すところによると、良八の「幼少ノ頃　居所堂ノ前」(『海老原清熙家記抄』、以下『家記抄』と略称)という。

堂の前

堂の前とは薩摩藩主島津氏の菩提寺玉竜山福昌寺の柵(さく)門外に地蔵堂があり、「この堂大路に臨む故に通路を呼んで堂の前という」(『三国名勝図会』)とある如く、城下上方限(かみほうぎり)の福昌寺近くの通路名で、良八はその付近で生まれたのである。

上方限というのは鶴丸城を境界として鹿児島城下を上・下の両地域に区分し、南北朝時代以来の島津氏の居城東福寺城・清水(しみず)城・内城(ないじょう)等のある地域を上方限という。それに対して江戸時代に開発された鶴丸城西南部の新開地を下方限という。

堂の前にある堂を観音堂というものもあるが、地蔵堂が正しいようである（『薩藩御城下絵図面』『新納久仰雑譜』等）。

川崎家は小姓組

調所の生家川崎家の家格は、調所が文化八年（一八一一）に藩庁に提出した「差出」の張り紙に、「実家代々御小姓組川崎伴之進にて御座候」とある如く、城下士最下級の小姓組に属していた。伴之進は当時の川崎家の当主ということであろうが、恐らく広郷の実兄であろう。

藩士家格

薩摩藩では藩士を一門・一所持・一所持格・寄合・寄合並及び小番・新番・小姓組に分けた（『薩藩政要録』）。一門とは徳川家の御三家に類するもので、加治木・重富・垂水・今和泉の四家、島津宗家の次男家筋で、一万石以上の領地を持っていた。一所持は私領すなわち一所を所有する者、これに対し領地は持たないが同格のものを一所持格といい、その次に寄合が数十戸、さらにその次が寄合並で、これまでが上級士であって大身分と称した。その次の小番は他藩の馬廻に相当するもので、新番は正徳三年（一七一三）新しく取立てられた家格（『三州御治世要覧』）、最後の小姓組は最も数が多く、以前は大番と称した。

以上が城下居住士で、外に諸郷に居住する郷士がいた。外城衆中とか外城士とも称

家格別戸数一覧（『万記一帳　時敏』）

家　格	戸　数	参　考
一　門	戸 4	戸 4
一所持	42	17
一所持格		41
寄　合	58	54
寄合並	10	10 （無格2）
小　番	816	760
新　番	231	24
小姓組	3,088	3,094
合　計	4,249	4,006

小番以下は安政５年正月、他は同７年の数字。
参考欄は『薩藩史談集』の数字。

し、その郷士の下にランクされるのが与力（よりき）であって、座附士（ざつきし）とも称した。以上が士分で、その下に足軽すなわち歩（ほ）卒（そつ）がいた。

与力は部局の附属物の如きもので、足軽は士分でもないので、城下士としては小姓組が最下位であった。調所没後のものであるが、安政末年の各家格の戸数を表示すれば別表の通りである。小牧昌業（まさなり）博士が嘉永安政ごろのものとして示された数字（参考欄。事実はそれ以前）と若干の相違がある。特に新番の違いが目立つが、それについては後に触れる。

海老原も幼少のころ家が貧しく、浄光明寺（じょうこうみょうじ）門前地に寄寓（きぐう）したというが、海老原は「門前地は困窮士族の寄住する所」と注記している（『海老原清熙履歴概略』）。地蔵堂の近隣には、福昌寺門前地が広がっていた。川崎家もあるいはこの門前地に寄住の生活だったのかもわからない。

海老原宗之丞

海老原は享和三年（一八〇三）中村兼高の第二子として生れ、幼名岩次郎、六歳の時海老原盛之丞清胤（きよたね）の養子となった。十七歳の時作事方（さくじかた）書役となり、貧窮のため二十二の時山川の下代蔵役（げだいくらやく）となり一息ついた。天保六年（一八三五）蔵方目付となり山川砂糖仕登（しのぼ）せ差引きにも携わり、八月日向仕登米差引き中大坂詰となり、十二月二十三日出坂した。その十日ぐらい前、調所は大坂発江戸に向ったので調所との出会いはなく、翌年六月出坂した調所と初めて会った。鹿児島に下って十月上坂した調所のもと趣法方（しゅほうほう）書役兼徒目付（かちめつけ）となり、以来十二年余調所に随従し極めて忠実かつ創意に富む手足となった。明治になり県庁等より調所生前の業績を提出するよう命ぜられて、いくつかの記録を行ったものが今日調所研究の貴重な史料となっている。

二　調所家に養子

調所清悦の養子に

川崎良八が十二歳になった天明七年（一七八七）十二月十六日、父主右衛門が死亡した。その翌八年（一七八八）良八は請われて調所清悦（せいえつ）の養子となり、名を友治と改めた。養母は月野某の娘という。

調所は「ずそ」「ずしょ」と読むが、中世の史料には「てうそ」とある。これを恐らく

「でうそ」と読み、それが「ずそ」「ずしょ」となったのであろう（五味克夫「調所氏寸考」『日本歴史』第一六二号）。調所とは国衙在庁の役所名で、税所と共に諸税（公事）の収納に当ったものと思われる。『調所氏家譜』によると藤原姓調所氏は平安時代後期、一条天皇の摂政藤原伊尹の孫恒親が、大隅国の主神司・政所・調所の三職に補せられ、かつ正宮祝を兼ねて大隅国府に下り、以来その職を世襲するようになったのだという。このことから調所を姓とするようになり、また主神司職にあることから、大中臣姓姫木氏らと共に大隅国惣社守公神の祭祀をもつかさどって子孫に及んだという。

　これを全面的に信頼するかどうかはともかく、その子孫が中世当初から在庁官人として大隅国に住み、守公神等を祭祀する主神司職を主に、調所・政所両職をも兼帯していたことは認めてもよかろう（同上）。したがって調所氏は先祖が公事をつかさどる調所職にあり、そのことから調所を姓とするようになったという話の大筋は信じてもよかろう。

　南北朝以降の動乱期には、調所氏は所領も少なくて他の税所氏や姫木氏・加治木氏等の在庁御家人のように、大きな戦闘力も持てず、むしろ動乱期を通じて非御家人の在庁官人として終始し、その後も永く形骸化した在庁機構に依存し続けて、細々とその家系を維持したもののようである。

伊集院久実

天文十七年（一五四八）清水城（国分市）主となった島津忠将（貴久の弟）の家老伊集院久実に娘を嫁がせていた調所兵部恒房は、世襲の神職や代々相伝の調所氏系図、諸古文書等を久実に譲った。そのため久実は国衙にあって守公神を祭祀すること先例の如しというが（『旧記雑録前編』）、ここで調所氏と近世島津氏との関係が生じたものであろう。

調所氏国分居住

ただ『調所氏家譜』は脈絡を欠き、調所氏の中世から近世への継承は不明確で、近世の調所氏は大炊左衛門尉を祖としており、同人は島津義久に仕えて国分にあり高八十石を給された。

天正十五年（一五八七）豊臣秀吉に降伏した島津義久は文禄の太閤検地で十万石を給され、文禄四年（一五九五）大隅国富隈城に移りさらに慶長九年（一六〇四）国分城に移った。七年後ここで死去するが、大炊左衛門尉はこのころ義久に仕えていた。

調所内記鹿児島移住

慶長十六年義久が死去すると、大炊左衛門尉の養子内記は鹿児島に移住を命ぜられた。そして「宅一区を清水街に賜わって」これまで同様高五十石を給された（『家譜』）。寛永十三年九月二十日の「薩州鹿児島衆中屋敷御検地帳」（『旧記雑録後編』）の「清水」の項に

上屋敷五畝十八分（歩）　調所内記殿［藤内左衛門殿］

とあるのが、その「宅一区」に当るものであろう。清水といえば良八の生家所在の堂の

前とは稲荷川一つ距てた隣町である。

ただこれは調所氏の本家で良八が養子に行った調所氏は次男家であった。前述の「差出」の中で調所は次のように記している。

嫡家当調所藤左衛門、私より五代目の祖善右衛門代、右藤左衛門より八代目の祖調所藤内左衛門二男にて、別立（べつたち）仰せ付けられ候

と。これを『家譜』と照合すると、当時の嫡家の当主藤左衛門は実名恒順で、文化六年家督を継ぎ代々小番に列せられていた。その八代前の祖藤内左衛門は武清で、調所五代前の祖善右衛門はその弟である。だから「藤内左衛門二男」とは調所の勘違いで、むしろ「二（次）弟」または「調所内記二男」と訂正すべきであろう。

とにかく広郷より五代前の祖善右衛門が別家した。かれのことを『家譜』には、

某甲

称善右衛門

官の分族をうけ、府士の籍に列す。寛陽公・泰清（たいせい）公につかうるの時

と記している。寛陽公は寛永十五年（一六三八）から貞享四年（一六八七）迄の藩主光久であり、泰清公は光久の世子綱久で、襲封の機会なく延宝元年（一六七三）四十二歳で死去する。

善右衛門分家は明暦寛文ごろか

本家は小番養家は小姓組

安政5年小番以下戸数

小番以下総数	戸 4,135 (100%)	10石以下士内訳（かっこ内百分比は横欄比）				
		勤方有	勤方無	窮士勤方有	無	その他
高10石～無高合計	1,991 (48.14)	941	369 (18.5%)	182	364 (18.2)	134
内、10石以下	404 (9.77)	254	78 (19.3)	25	27 (6.6)	20
無　　高	1,587 (38.37)	687	291 (18.3)	157	337 (21.2)	103

10石以下士内訳その他欄は計数が合わない。『万記一帳　時敏』より作成。

調所善右衛門は藩の分族命令をうけて城下士に列したが、それは光久・綱久に仕えていたころだという。そうだとすれば少なくとも綱久成人以後のことと考えられ、善右衛門も延宝七年には死去するので、善右衛門分家の時期はほぼ明暦寛文（一六五五〜一六七二）のころでもあろうか。

調所本家では藩主吉貴（よしたか）のお抱守（だきもり）・側近になった武茂、物頭（ものがしら）等になった恒孟（つねたけ）などもいたが、次男家については『家譜』は死亡年月日と法名以外何の記述もない。名も通称だけで実名は「恒」以外不明というさびしい系譜になっている。川崎良八はこの次男家調所氏五代清悦（せいえつ）の養子となったのである。

本家が小番に列するのに比し、調所清悦の家は「代々御小姓組へ入れおかれ」（差出）ていた。しかも文化八年（一八一一）当時無高であり、「居所西田足軽馬場」

（二月十五日日記）というから、養子入りした天明八年（一七八八）当時の調所家が無高無屋敷であったことは疑えない。川崎家と五十歩百歩というところか。

もちろん城下士といっても無高士は別表のように小番以下の下級士の三八％に及び、十石以下の微禄の士が半数近い四八％にも及んでいた。しかもかれらの中には約二割近く勤方のない者がいた。特に無高士の約四割は勤方なく、その半数以上が「窮士勤方なし」という階層で、その生活ぶりは薩摩の風刺小説として有名な『大石兵六夢物語』の著者毛利正直が、天明八年に記した『移居記』の次の記述が参考になろう。

毛利正直

元より定まれる禄もなく、貯ゆべきの財もなし、有する所は摺鉢一つ、茶家（鹿児島言葉で鉄瓶を鉄茶家、急須を茶茶家といった）一つ、歌集二三冊机上に散らし、弓一張長押に煤けたり（中略）、何れそれ零落たるや、夏は団扇を製し、冬は櫛をくじびくをもつて己が業となす

と、無高士の毛利は、うちわ作りや櫛けずりの内職で糊口をしのいでいたというのである。

養家は茶道

ただ良八の養家調所家では、養父養祖父が茶道坊主として藩庁に勤務していたらしい。前出の「差出」に「養父養祖父又は先祖代御役相勤め、一代小番新番入れおかれ候者御

座なく候」とあるからで、その「御役」とは清悦の名から茶道であったと推定される。しかも小番新番への昇格もなかったとすれば、単なる茶道坊主で終ったものであろう。しかし勤方なしとする者に比べると、何ほどかましであったろうが、無高無屋敷の下級武士の生活は決して楽ではなかったと思われる。

養父死去

養父清悦は良八が養子入りした翌年の寛政元年十一月二十七日死亡した。『家譜』によると法名（禅応喚宗居士）の院号（良恭院）は「追加」とわざわざ断ってある。恐らく広郷が成功した後年、院号をもらいうけたということであろう。これは文化元年死亡した養母についても同様である。

三　表坊主に

表坊主清悦と改名

養父の死亡した翌寛政二年（一七九〇）良八は表坊主となり、養父の名を受継いで清悦と改名した。時に十五歳。ところがこれについて次のようなことが伝えられている。調所は幼年のころから家が貧しくて茶道坊主となることになったが、姉がいて剃髪することを嫌った。しかし扶持米（ふちまい）四石をもらえることでもあるし、やむをえなかった。ところが姉は調所がその後江戸詰になった時、毎月本結(もっとい)を送ってやり、調所はそれを全部小さな柳行李(やなぎごうり)にしまいこんでとっておいたというのである（『調所広郷遺事』、以下『遺事』と略称）。茶道坊主がよほど嫌いだったらしい姉とは、実家川崎家の姉かとも思うが、弟を単なる茶坊主で終らせたくないという姉の執念だったのかもわからない。とするとその執念はその後見事に実を結んだといえよう。

実名は恒篤のち広郷

清悦はその八年後の寛政十年笑悦、さらにその十五年後の文化十年（一八一三）笑左衛門と改名するが、その間文化三年、同六年、文政八年等の日記の表紙には「恒篤」とあり、文政十三年（一八三〇）になると「藤原広郷」とある。それは共に実名と思われるが、その命名時期は調所履歴類には何ら記されていない。恐らく調所家に養子入りした天明八年か、遅くとも表坊主となった寛政二年までには元服して、実名恒篤を称し、文政末年ごろには広郷と改名したものであろう。その時期を文政九年とする説もあるが根拠は明確でない。

島津重豪

寛政二年表坊主となった調所は、以来八年間鹿児島でその生活を続ける。時に前藩主島津重豪(しげひで)（一七四五〜一八三三）が隠居し、その子斉宣(なりのぶ)（一七七三〜一八四一）が藩主となって寛政元年には初入部(はつにゅうぶ)も行い、斉宣政治がスタートしはじめたころである。

その間寛政四年七月十九日川崎家の実母が死ぬ。こうして調所は十二歳から十七歳までの間に、実父母、養父の三人を失い、あとは養母だけが残ることになった。

任侠の気

調所の青少年時代については、ほとんど伝えられていない。こういう貧乏武士の青少年時代について、余り話題が残されていないことに不思議はないが、わずかに海老原の記録に俠気に富み人の心をよく汲みとる人柄だったらしいこと、調所の代筆した手紙は、依頼した本人の思いより以上によくその心が相手に届くというので、老婆たちは喜んでいたという話が伝えられている（『家記抄』）。

名越左源太

また表坊主時代から、大工のことは大工の上手を呼んで詳しく尋ね、商売向きのことは町人へ、耕作のことは百姓へ詳しく聞いたので、上様からお尋ねがあった時よい返答ができたのだそうだ。そして夜は午前二時四時まで起きて書付けなどをしていた等、なかなかの勉強家だったという話を、名越（なごや）左源太時敏が天保十二年当時書きとめている。このころ世間に伝えられていた話であろう（『常不止（とことわ）集』）。

第二　青壮年時代

一　出府　隠居付奥茶道へ

調所の人柄が認められたか、命により寛政十年（一七九八）江戸に出府、隠居重豪付奥茶道に役替えとなり、名を清悦から笑悦に改める。これが調所飛躍の第一歩となるが、運よく残された当時の調所日記でその経緯をたどってみよう。

寛政九年十一月十三日来年春には江戸詰交代をせよと命ぜられ、さらに十二月二日来春正月の「末の式日御使」を、調所と国生源藤に命ぜられた。その上料理役肥田木安右衛門も付けてくれた。時に調所二十三歳。調所は国生と共に正月、末の式日使者の任務を帯び肥田木を連れて出府することになった。

江戸出府

いよいよ寛政十年正月十七日調所ら三人は中急ぎで鹿児島を出発、二月十日御法日限通り江戸に到着し芝藩邸に入った。藩では江戸と鹿児島との間の公用連絡のために、江戸・国元それぞれから定期に使者や飛脚を出していた。「定式御使」とか「定式飛脚」といわれるものがそれで、当時月に二回・一回と隔月に派遣されており、月に二回の場合二回目の使者を「末の式日御使」と称した（『藩法集』8）。

しかも江戸・鹿児島間の所要日数を定めて「急御使」とか「中急御使」とか区別し、それに応じた賄料（旅費）が支給された。年代不詳の定めによると、小倉筋中急ぎの場合、鹿児島から小倉迄の九州路七日、船中七日、東海道八日合計二十二日と定められている（同上）。これは従来の船中七日半を半日減ずるとあるが、調所が二十三日目の到着を「御法日限通り」とするのをみると、当時は二十二日半が法定日数だったのであろう。

江戸に着いた調所は三月十日家老座、同二十一日表茶道所に勤めることになった。

こうして約半年、九月十五日調所は村田安雪と二人

重豪付奥茶道

御隠居御付

一　奥御茶道

一　御役料米三十俵

右の通り御役仰せ付けられ、御役料米下しおかれ候

右御格の通り申渡すべく候

午九月　勘解由

という辞令を渡された（上村文書）。

娘茂姫が一橋豊千代に嫁し、豊千代が天明七年将軍職を継いで徳川家斉となることにより将軍岳父となる重豪は、同年正月その子斉宣に藩主の座を譲り、寛政八年芝藩邸から高輪下屋敷に移り、高輪御殿と称して隠居生活を送っていた。

隠居付奥茶道の辞令を受けた調所は直ちに大奥書院末で家老の謁見をうけ、次いで休息所前で藩主斉宣の謁見をうけた。それから高輪御殿に参上して重豪へお目見を命ぜられたが、そこで「目出たい、念を入れよ」とのお言葉を賜わった。次いで芝に帰ると、親類中が祝いをいってくれた。

明くる九月十六日から高輪環江屋敷三番長屋に移ったが、ここでは新穂善碩・松山補春・久留宗安と同宿で、十八日初めて泊り番を勤め、さらに二十三日初めてお風呂を差上げた。こうして調所はいよいよ重豪の側近に仕えることになった。

奥平昌高
笑悦と改名

九月二十五日奥平大膳大夫様がおいでになり、初めてお目見し、その二日後二十七日上意によって笑悦と改名、村田安雪も山雪と改名した。奥平大膳大夫とは中津藩主奥平昌高のことであるが、昌高は重豪の次男で父の影響を受けて蘭学に興味を持ち、後年重豪が長崎オランダ商館付医師シーボルトを大森に出迎える時、若き斉彬と共に昌高を同道するほどである。中津藩下屋敷が高輪御殿の近くにあったことから、その名は調所日記にしばしば記される。

一橋治済

このほか将軍家斉の父一橋治済や秋田藩主佐竹義和、その他多くの大名あるいは治済によく随従する幕府奥医師で蘭学者の桂川甫周等々の、重豪訪問の記事がしばしばみえる。重豪が将軍岳父ということもあって、治済との交際は親密で治済もよく高輪御殿を訪問する。佐竹義和は寛政十年当時二十四歳の青年藩主であるが、その妹が斉宣夫人(寛政八年死去)だった上に、秋田に藩校明道館を造ったり、江戸藩邸に読書所日知館を造ったりする好学の文人大名であった。これまで全く無縁だった社会を見聞することは、調所の人生観に大きな刺激を与えたことと想像される。

茶の湯、生花

十一月になると七日茶の湯と生花の修業を命ぜられた。茶の湯は裏千家安尾宗虎、生花は石州流大沢宗敷にそれぞれ入門することになり、入門料は御物(藩庫)取計らいで支給されるが、その後のお茶代、お花代は自弁ということであった。こうして同十八日大沢宗敷へ、二十二日安尾宗虎へ入門した。調所は「坊主ニナリタル時村田元阿弥茶ノ師ニテアリタリトテ、ソノ子甫阿弥ヲ愛シタリ」(『調所広郷履歴概略』、以下『履歴概略』と略称)というから、鹿児島でも茶道修業は行っていたが、江戸でさらに本格的な修業が始まった。

調所は役料米三十俵をもらうことになった。薩摩藩では二斗俵と三斗俵があって、役料米は二斗俵で支給されたので（『薩藩史談集』）、六石に相当するが、お茶代お花代自弁となれば窮屈なものだったと思われる。そういうことも考慮されてであろう、十二月十三日重豪から内々で金七両を下賜された。

初めての休暇帰国

こうしてともかく鹿児島出発後約二年が過ぎた。すると寛政十一年十一月二十八日伊集院弥八郎・久留宗安と共に休暇帰国を命ぜられ、十二月朔日出発せよとのことで内々金十両を拝領した。十二月朔日は早く夜中に高輪を出発、鹿児島へ向ったが、下人南部出身の町人弥助を連れての久々の帰国であった。順調に旅程をこなし十二年正月三日無事鹿児島に着いた。同じように年末休暇帰国を命ぜられた文化三年の例でみると、約六ヵ月間鹿児島に滞在しているので、この時も同じく六ヵ月くらい滞在したものであろう。時に調所は堂々たる二十五歳の青年であったが、この帰国中に結婚したのではないかと思う。

結婚

結婚についての明確な記録はない。しかし天保十二年閏一月十九日四十一歳で死去した法名浄雲院殿天岳道光大居士が「享和元辛酉」生れとあり（上村文書）、これが後述の様に長子笑太郎と考えられることから、誕生の前年帰国時に結婚したものと推定されるからである。

二　芝藩邸へ転勤

これから七年後の文化四年正月帰国する迄調所帰国の記録はない。偶然失われたものかとも思うが、前述の如く文化元年（一八〇四）には七月三日養母が死去した。しかもこの文化元年前後に調所はこれまでの隠居付奥茶道から、芝藩邸の奥茶道勤めに転じたもののようである。

この転勤についても明確な記録はないが、断片的に残る享和（きょうわ）二年・同三年の日記と、文化三年の日記の記述に大きな相違があることからそのように考えられる。まず享和年間最後の同三年四月十六日の条には、

御隠居様、時之丞様御同道にて芝へ入らせられ候につき、御供相勤る

とあって明らかに重豪の隠居する高輪御殿に居たことをうかがわせる。ところが文化三年は『文化三丙寅三月四日大火後改（あらため）日記』とあって、まず三月四日のいわゆる泉岳寺大

芝　藩　邸（『しらゆき』より）

火の記事に始まり、大火による芝藩邸類焼の模様が克明に記されている。

当時藩主斉宣は帰国中で、芝藩邸には十六歳の世子斉興が居て「黒羅紗御火方羽織ニ御陣笠」といういでたちで火事に備えたが、火勢が強くて斉興はじめ「御前様（藩主夫人）・操様（斉興妹）・寛二郎様（同弟）」等は桜田藩邸に避難し、ここも危くなったので高輪御殿に難を避けた。それが三月六日には、

　若殿様今日より田町御茶屋へ御滞留に入らせられ候段仰せ出され候故、六ツ（午前六時）時分より御先番として田町へ相越し候（中略）

　今日より主従共御賄い御作事方仕出し

とあって、斉興は田町屋敷に移り、それに調

所も随従している。そして同三月二十九日、

芝御屋敷へ仮に平御長屋出来(しゅったい)候に付き、今日引移り候様仰せ渡され、左候て田町へ掛け勤む、同宿若松水之丞殿

と、調所は急造の芝屋敷長屋に移り、田町屋敷へ通勤の形となった。次いで半年後の十月九日斉興は、

芝御殿御造建相済み候に付き御引移りがあった。

これをみると明らかに文化三年には調所は芝屋敷に移っている。それを証するかのように、文化四年・同六年等の藩庁への提出書類には「奥御茶道調所笑悦」とあって、「御隠居様御付」の語はない。しかも調所の芝藩邸への転勤は世子斉興の動きと関係があるのではないか。

斉興が享和二年の初め高輪に居たことは調所日記に明らかである。ところが三月三日藩主斉宣が出府して以後はその滞在ははっきりせず、四月六日の一橋大納言（治済）の高輪御殿立寄りの記事中に「太守様（斉宣）・若殿様（斉興）にも入らせられ」とあって、斉興は斉宣と同道して高輪に行っている。海老原は斉興が文政元年迄高輪に居たと記すが

（『草稿』）、明らかに享和二年四月は高輪におらず芝に移っている。恐らく斉宣の参勤出府を三月二日川崎まで出迎えに行った斉興は、翌三日斉宣に同道してそのまま芝邸に移ったものらしい。そして同年十一月九日斉興は芝藩邸で元服、又三郎忠温と名を改め、さらに翌々文化元年十月四日将軍家斉によって加冠、名を斉興と改め豊後守を称することになった（『旧記雑録追録』、以下『追録』と略称）。

斉興元服

これからみるとあるいは斉興の加冠元服以後にでも、調所は芝藩邸に転勤を命ぜられたのではないかと思われる。

とにかく従来寛政十年以来ずっと隠居重豪付奥茶道といわれていた調所であるが、その六—七年後には重豪の側近を離れて、芝藩邸勤めに変っていたことが明らかになった。しかもその後重豪側近に復帰した形跡はない。ではなぜこのような誤解が生じたのであろうか。その原因は一に海老原の記述にかかっている。

終始重豪付とする説は誤解

今日調所の履歴・業績については、全く海老原の記述に頼っているが、海老原にしても直接自分で見たり経験した以外のことには誤りもあるはずである。調所の前半生について海老原はこう記している。

調所広郷は十五歳より茶道坊主となり、二十三の時初めて江戸に出たるに、高輪老公の側茶道を命ぜられ、甚だ御心にかない（中略）四十三の時側を離れて使番に転じ（『薩藩天保度以後財政改革顚末書』、以下『顚末書』と略称）とか、「広郷卑職より出たりといえども、高輪老公の側に侍する二十年」（同上）と記す。これでみると調所が四十三歳まで二十年間、重豪の側近に仕えたと理解しても不当とはいえないような記述である。しかし、

清熙天保六年の十二月初めて大坂に出て、同七年の冬より広郷へ随従を命ぜられたる故、従前の事は聞き及びたると広郷の話を聞きたるを記す（同上）

とする高齢八十歳（明治十五年）の海老原の記述に、誤りのあることを責めるにも当るまい。ただわれわれは海老原の記述にこの種の警戒をしながら、できるだけ具体的史料で補強または補正しながら読む必要のあることを痛感するのである。

芝では斉興付きか

文化三年斉興は大火後新築の芝藩邸に移った。十日後の十月十九日斉宣が鹿児島から参勤出府、十一月十三日には琉球使節も到着して、それに伴う諸行事が芝藩邸を中心に展開された。その間十二月調所は休暇帰国を命ぜられるが、その際斉興から内々金五両を拝領した。その前十一月二十五日にも、去年の冬からの病気と今度の類焼で難渋しているだろうと、斉興から三十両を拝領していること等から察すると、芝藩邸では若殿様

斉興付きということではなかったかと思われる。

休暇帰国に当ってはさらに十両を前田彦四郎なる者から借入れ、十二月二十三日江戸を出発して翌文化四年正月二十五日鹿児島に帰り着いた。すでに七歳の春を迎えたわが子笑太郎とは、初めての対面であったろう。帰り着いた翌々二十七日には納戸銀を拝借、早速江戸で借りた十両を飛脚便で返済しているあたり、調所の几帳面さをうかがわせる。

帰国した調所は七月二十一日鹿児島をたって出府するが、その際鹿児島原良村久保門の名頭三左衛門なる百姓を下人に抱えて連れて行き、八月二十五日「七ツ半（午後五時）時分芝御屋敷へ着」いた。その翌二十六日斉宣・斉興にお目見の後高輪に行ったが、「お目見は追って仰せ付けらるべき段」申渡されている。芝邸勤めに変っていることは動かせない。ところが調所はその翌文化五年十二月今度は自ら帰国を願い出た。

妻病気により帰国

八歳の笑太郎を抱えた国元の妻が長々の病気で、その上よんどころない用件もできたので帰国せよとの親類の知らせで、中三ヵ月の休暇をいただきたいというのである。

その許可を得て十二月二十七日芝を出発した調所は、文化六年正月二十六日鹿児島に着く。ところがその後五月二十七日「家内よんどころなき儀」あり、出発期限を延期さ

病妻は死去または離縁か

れたいとの口上書を提出して六月二十七日出発するが、この帰国中に病妻は死去または離縁したのではなかろうか。

上村文書の中に数名の法名を連記した二通の文書があるが、その一つに次のような記録がある。

「(張り紙)寛政九丁巳四月四日誕生」
円照院殿寿相妙永大姉(だいし)
明治元年戊辰十二月二十四日没 蔵(歳)七十二 葬玉竜山中云
調所笑左衛門広郷宝毛利子(室)

毛利は後妻

明らかに寛政九年生れ明治元年死去の調所内室の法名で、俗名は毛利子(もりこ)という。寛政九年生れとするとこの文化六年は十三歳で、笑太郎誕生の享和元年は五歳だったことになる。「長々病気」とある妻が別人であることは疑う余地はなく、明らかにこの毛利子は後妻と考えてよい。この毛利(茂利)は内藤運右衛門兼行の娘という(調所広光家位牌・鎌田本『薩陽武鑑』等)。口上書は「よんどころなき儀」として妻死去と明記してはいないので、あるいは離別かとも思うが、ともかくこの時または数年の間に死去または離別したものと思われる。

そして恐らく文化末年には毛利と再婚したものであろう。前記法名録に天保十二年死去の「広郷娘厚子」(川北十郎妻)が文政二年生れとあり(毛利二十三歳)、文政四年別に男子も出生するが、これが共に後妻の子と思われるからである。

こうして調所は四十歳前後のころ再婚したと思われるが、当時の調所は、

> 壮年ニ至リ大酒モシテ、妻ノ話ニ良人ノ若キ比ハ胡蝶ノ如ク花ヲ見酒ヲ好ミ、更ニ家内ノ有無ヲ心ニ掛ケス、毎々米銭尽クレバ、親元ヨリ送リテ朝夕ヲ過ゴセシト(『履歴概略』)

という如く豪放な性格だったらしい。天保七年以後調所と行を共にする海老原の知る調所の妻とは、後妻毛利のはずである。そしてここにいう親元は内藤家のことであろうし、当時調所の家格も一代新番に進んでいたので(後述)、その配偶者選びは当然裕福な家庭を対象にすることも可能だったということである。

調所帰国の文化五-六年ごろは隠居重豪を中心に近思録くずれのあらしが吹き荒れていたころであるが、元来高輪に居なかった調所は、重豪激怒の場面などに直接接する機会はなかったわけである。

まだ調所が鹿児島に居たころ、江戸では文化六年六月十七日斉宣が藩主の座をおりて、

斉興がこれに代っていた。そのことを調所は七月二十三日出府の途中大坂で聞いた。八月七日午後二時ごろ大森に着くと、小姓衆六人が出迎えてくれ、その後も茶道坊主たちが出迎えに来てくれて五時ごろ無事芝藩邸に着くが、この出迎人たちの話題に藩主交代劇があったことは間違いあるまい。こうして調所は引続き芝藩邸で、新藩主斉興に仕えることとなった。

新藩主斉興付に

斉彬誕生

その文化六年九月二十八日の調所日記は、

今晩八ツ(午前二時)時分御前様御産遊ばされ候ところ、御男子様御誕生遊ばされ候こと

と斉彬(なりあきら)の誕生記事を掲げているが、よもや後年この斉彬との対立が命をおとす原因になろうとは、夢想だにしなかったであろう(『鹿児島県史』記載の誕生月日は異るが、事実は調所日記の通りであろう)。

茶道頭

出府以来十三年三十六歳の春文化八年(一八一一)正月十五日調所は茶道頭(さどうがしら)に昇進、役料米五十俵、役料銀三枚三十二匁を給与されることになった。斉興にお目見の後高輪に行ったが、おついでの節お目見仰せつけられるということで、この時はお目見できなかった。これは文化四年、六年出府の時も同様で、当時重豪にお目見する機会も少なく、出府以

来常に重豪に密着していたかのような通説が、大きな誤りであることはますます明白である。

茶道坊主生活二十一年の調所にとって、茶道頭への昇進は大きな栄誉であったろう。その夜は親類・奥向その他の客人五十人ばかりを招いて祝宴を張り、二汁三菜の料理を出したというから、喜びのほどが知られる。

家格一代新番に

調所は同じ文化八年二月十五日家格を一代新番に進められた。茶道頭への昇進のせいである。役職の高下は家格によって定まってはいるが、このように上位の職に昇進すれば、家格を引上げるという融通性があった。人材登用を可能にする薩摩藩の特色ともいえよう。

居所西田足軽馬場

調所は五月一日新藩主斉興の初入部(はつにゅうぶ)に随従して江戸を出発、六月二十七日鹿児島に着くが、調所としては晴れて故郷へ錦を飾ったわけである。とはいってもまだ無高で、当時の居所は「西田足軽馬場」であった。「天保十四年城下絵図」によると、西田橋を渡った右側に「コノ辺足ガル地」とあるので、この付近であろう。

西田通りは鶴丸城からの参勤交代通路に当り、鹿児島から他国へ出る主要街道にも当っていたので、自然沿道に町家が立ち並び、上(かみ)・下(しも)両町と合わせて三町の一を形成するようになったのが西田町である。その「西田町は西目の要口なるに道路狭くかつ茅屋（ぼうおく）多き」（『顚末書』）所であったといい、その町筋の裏側に足軽屋敷が広がり、兵具方等の足軽が多く住んでいた（「天保年間城下絵図」、事実は文政年間）。調所家もその付近だったとすれば、その程度のほどが想像できよう。

笑太郎の初お目見

斉興に随従して帰国した文化八年、調所はその子笑太郎の初お目見を願った。すなわち前に引用した「差出」が、その時のものと思われるが、これには年月日が記されていない。それを文化八年のものとするのは次のような理由からである。

まずこの「差出」には笑太郎は当年十一歳とある。調所には前述の通り享和元年生れの男子がいたが、享和元年から十一年目は文化八年である。そしてこの「差出」の最後に、

願書差出し候節私こと江戸詰つかまつりおり候に付き、親類白浜八良右衛門をもって申上げ置き候えども、当分まかり在り候に付き私よりこの段申上げ候

一代新番　調所笑悦

とあって、これは一代新番になった調所が鹿児島で出したものである。しかも「当分御茶道頭御役相勤めまかり在り候」とあり、茶道頭当時のものである。調所は文化八年に

茶道頭になって、同十年には小納戸（こなんど）になるので、この「差出」はこの両三年間のもので、しかも斉興は同九年出府、十年は大御隠居重豪が帰国して斉興は帰国しない。すなわち斉興が鹿児島に在国するのはこの前後では文化八年以外にない。これらの理由から文化八年と考えるのが妥当であり、享和元年生れの男子を笑太郎として取扱って来たことは、誤りではなかったといえよう。

小納戸に

茶道頭になって二年半、文化十年七月二十一日調所は小納戸に登用され、髪を蓄えることになった。「これ古来稀なることとなり」（『顚末書』、上村文書）という。この時まで姉が本結を送り続けたかどうかは定かでないが、ともかくその執念は実を結んだわけである。

笑左衛門と改名

この時名を笑左衛門と改めた。これが今日一般に知られる調所の通称で、二十三年間の茶道生活との訣別の象徴でもあった。

小納戸頭取

その後文化十二年七月二十一日さらに「御小納戸頭取、御用御取次見習、下され方御法の通り、御小納戸兼務」を命ぜられた。時に調所は斉興に随従して帰国した直後であった。

小納戸というのは側役の下にいて、時により大きな働きのできる職務であった。その頭が小納戸頭取である。小納戸頭取以上になると、直触（じきぶれ）といって用人の取次を必要とせず、家老から直接に達せられる家老直達のいわば上級職の仲間に入る。しかも同時に御用取次見習を仰せ付けられたが、これは側役同等の職階で、調所も藩政の中枢に一歩踏み込んだわけである。

三　君側を離れる

小納戸頭取任命から二年半後文政元年（一八一八）正月、調所は使番に役替えとなって君側を離れた。使番はその名の通り対外的な使者を勤める役であるが、この事情を海老原は、「その時老公英明御名高く、殊に外戚の勢有りて各藩の侯伯名流門に満つるの時」（『顛末書』）であったので、重豪の愛顧を受けた調所も声望を得、それをねたむ者がいて君側を離れることになったのだとする。

調所がずっと重豪の側近にいたとする海老原の考えが誤りであることは前述の通りであるが、調所が長く君側にいたことは事実であり、茶道頭以後のとんとん拍子の出世にねたみを生じ、中傷が入るということがあったのかもわからない。しかも当時重豪は藩政後見中であったので、人事についても重豪の意を受けたことは当然で、当時鹿児島に帰国中の調所への辞令伝達について、「太守様貴聞に達し、申渡し候様、大御隠居様仰せ出され候」と調所自らメモしている。この役替えが重豪の意に出たことは明白で、重豪の威力ありありである。

海老原も、

広郷が使番に転じたるは、老公の御意より出たるは、宰相公（斉宣）の御居間の御栖居替えのある時、その絵図を笑左衛門に可否を問うべしと命ぜられたるその絵図の折端に、心を屈せずして勉むべしと御記しありたる由なり（『顚末書』）

とする。事実とすれば、衆人の注目をしばらく避けさせようとの配慮からであろう。

ともかく出府以来二十年君側にあった調所は「役格ハ昇ルトイエドモ君側ヲ離ルハ嫌ウコトナリ」（『履歴概略』）という境遇に入った。遅くともこのころ再婚したらしいことは前述の通りで、間もなく女子、次いで男子各一人を儲ける。

この当時の調所は、前出の妻の話にある通り奔放な生活であった。またそのころ重久佐次右衛門という町人がいたが、調所が

茶道ノ頃初メテ一面シ、佐次右衛門大イニ帰伏シ、コノ人ハ後ニ出世スル人ナリトテ、使番ニ転シタル折ハ、来客ニ接スル酒食モ供エ難シトイエトモ、少シモ心トセ

ス、家内ハ心ヲ苦シムルヲ、佐次右衛門妻ヲシテ皆用ヲ供エ心ヲ尽シタル由(『履歴』)という。調所は後年重久に木綿織屋を担当させ、また町奉行に挙げた。町人から町奉行への登用はまれなことである。世人は賄賂のようにいうが決してそうではなく、旧恩に報ゆる調所の信義の厚さを示すものだ、と海老原は弁護している。

町奉行

調所はさらに文政五年三月二十七日町奉行に転役するが、町奉行は上町・下町・西田町の城下三町の支配を担当した。鹿児島では武家は七分町は三分といわれて、町人勢力は極めて劣勢であったということからであろうか、町奉行というのは地位は高かったが「それほど事務の重要の事柄というものではなかった」(『薩藩史談集』)といわれる。

側用人格両隠居続料掛

その後文政七年十一月一日側用人格両隠居続料掛となる。側用人格になったということからであろうか、調所は翌文政八年五月十五日小林地頭職に補任された。地頭は藩直轄の郷を支配する最高支配者であるが、甑島・長島の離島以外は、大番頭・小姓組番頭・用人等の兼務で、出水郷のような藩境の大郷では家老が兼務した。調所はその後文政九年十二月二十五日佐多、同十三年三月六日鹿屋、弘化三年七月二十五日志布志の各地頭職に転補され、志布志地頭職がその死まで続いた(『諸郷地頭系図』)。

調所は両隠居続料掛になって、これまで余り関係のなかった財政面に携ることになり、遂には財政改革主任となってその渦中に飛び込み、晩年二十年間の悪戦苦闘の人生を強いられる。その上全く予想外の悲壮な最期を遂げることになる。

ここでわれわれは調所苦闘の人生への導火線となる藩財政の推移と、その改革に調所を引き出した重豪その人の治世について、しばらく眼を向けることにしよう。

第三　重豪治下の藩債推移

一　藩債の累増とその棄却

施設文化の充実

重豪は宝暦五年（一七五五）父重年（しげとし）の跡を継いで藩主となり天明七年迄治世三十三年、極めて開明進取的な藩政を展開した。藩士教養の場としての造士館・演武館や厚生関係の医学院・薬園、さらに天文暦学研究所明時館（天文館）等の諸施設を造り、一方中国語辞典『南山俗語考』、藩の正史『島津国史』、農業百科全書ともいうべき『成形図説』、鳥類辞典『鳥名便覧』その他各種の図書を編纂刊行した。また自身中国語を学びさらに明和八年長崎に立寄って直接オランダ人や唐人との交流をはかり、文政九年には蘭館医シーボルトと会見、オランダ文化の摂取に努めた（拙著『島津重豪』）。こうして藩の施設文化面の充実をはかると共に、職制を整備し風俗の矯正に努め、さらに幕府諸藩との関係強化をはかって薩摩藩の地位向上に努めた。

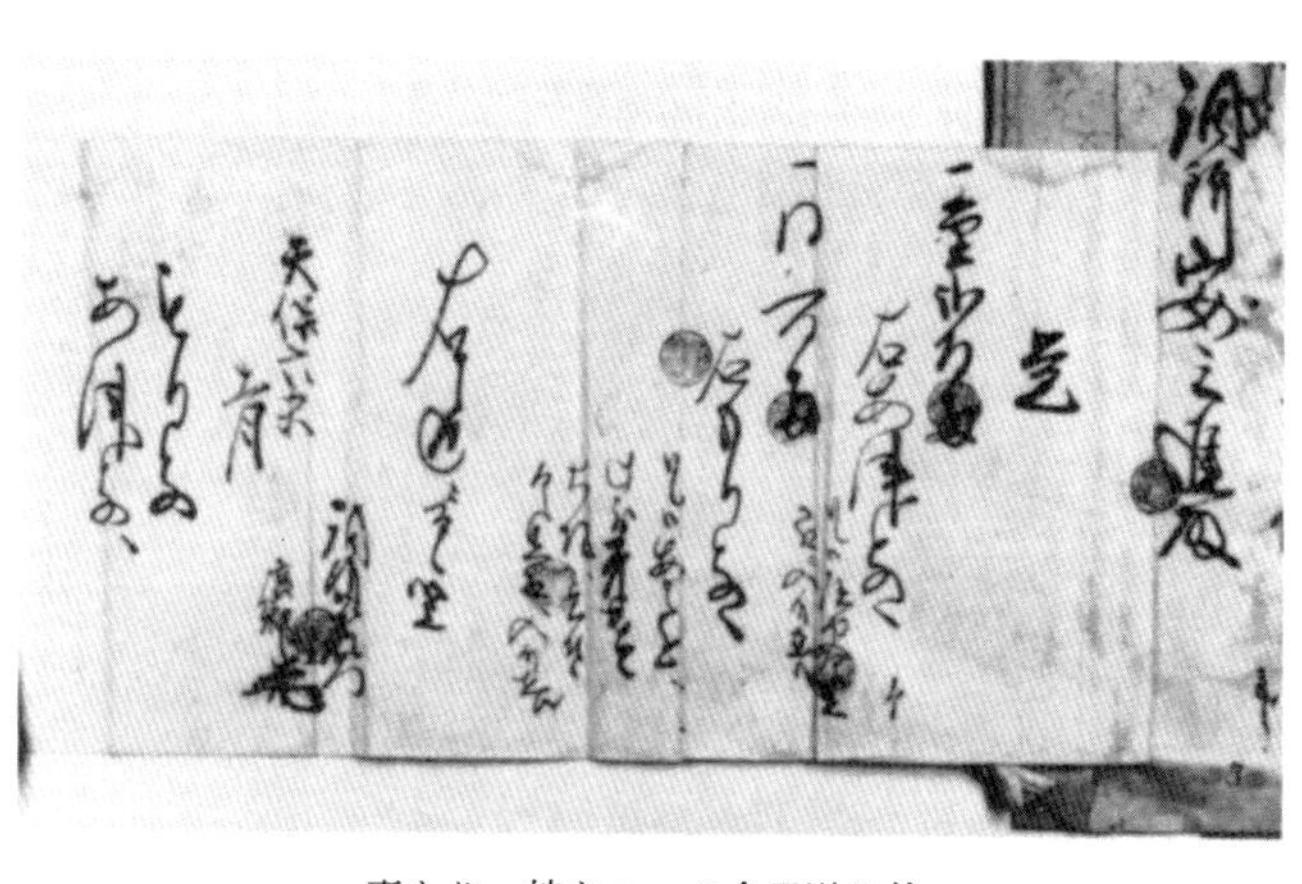

妻もり、娘あつへの金子送り状

幕府諸藩との関係強化策として積極的に婚姻政策を進めた。娘茂姫を一橋豊千代（将軍徳川家斉）と縁組みさせ、豊千代の父一橋治済（穆翁）と親交を結び、治済を通じて幕閣に働きかけるルートを確立、これを思う存分活用した。また多数の子女を大名家と縁組みさせ、幕藩制社会における薩藩の立場を強化した。しかも別表にみる如く外様大名でも福岡・岡山・土佐・久留米等二十万石以上の大名と縁組みを行い、かつ半数は譜代大名と縁組みさせた。

重豪は天明七年正月隠居し、それに続いた藩政介助も寛政三年やめた。それまでの三十六年間重豪治世下の藩政整備はめざましいものがあったが、それ故に藩財政の破綻を来たしたとして重豪への責任追及は厳しい。以下に藩財政の

大名家との縁組み一覧

藩主	子女名	婚(養)家先・石高	許嫁・婚礼の年代
重豪	(夫人保姫) 一橋宗尹娘, (後夫人綾姫) 甘露寺規長娘		
		万,千石	
	茂　姫	一橋豊千代 (三卿)	寛政元 (婚)
	雅姫(養)	佐土原・島津忠持 (外) 2,7	寛政元 (婚)
	昌　高	中津・奥平昌男 (譜) 10,0	天明6 (嗣)
	左　近	丸岡・有馬誉純 (外) 5,0	文化元
	孝　姫	桑名・久松定和 (譜) 11,0	文政4 (ゆく) 文化10 (婚)
	斉　溥	福岡・黒田斉清 (外) 52,0	文政5 (嗣) 文政7 (入邸)
	信　順	八戸・南部信真 (外) 2,0	
	親　姫	大垣・戸田氏正 (譜) 10,0	文政12 (婚)
	淑　姫	大和郡山・柳沢保興 (譜) 15,1	文政7 (許)
	貢　姫	新庄・戸沢正令 (外) 6,8	文政5 (許) 天保3 (婚)
	立姫(養)	北条・水野忠実 (譜) 1,5	文政元 (婚)
	寿姫(養)	誉母・内藤政優 (譜) 2,0	文政2 (養) 天保5 (婚)
斉宣	(夫人) 秋田・佐竹義敦娘 (外) 20,5		
	操　姫	膳所・本多康禎 (譜) 6,0	文化6 (婚)
	祝　姫	佐土原・島津忠徹 (外) 2,7	文化5 (許) 文化13 (婚)
	聡　姫	白川・阿部正篤 (譜) 10,0	文政6 (ゆく)
	郁　姫	京都・近衛忠熙 (公卿)	文化12 (許) 文政8 (婚)
	勝　姫	浜田・松平康寿 (譜) 5,0	文政8 (許) 文政10 (婚)
	定　穀	松山・久松定通 (譜) 15,0	天保3 (養)
	春　姫	久留米・有馬頼永 (外) 21,0	天保6 (許) 天保8 (適)
斉興	(夫人) 鳥取・池田治道娘 (外) 32,5		
	斉　敏	岡山・松平斉敏 (外) 31,0	文政9 (嗣)
	順　姫	膳所・本多康融 (譜) 6,0	文化12 (許) 天保3 (ゆく)
	祝　姫	高知・山内豊熙 (外) 24,2	文政5 (許) 天保2 (婚)
斉彬	(夫人) 一橋斉敦娘 (三卿)		

出典　『島津正統系図』『旧記雑録追録』等。

推移を概観してみよう。

藩債累増

藩財政は藩政初期から不安定で、すでに文禄元年豊臣秀吉の朝鮮出兵の折、輸送船の準備ができず島津義弘は日本一の遅陣をしたと口惜しがり、十年後慶長七年初めて上洛（じょうらく）した義弘の子初代藩主家久は、兵庫で福島正則に銀二百貫を借り半額の百貫は二年後やっと完済したという（『旧記雑録後編』）。以来藩財政は困難の度を増し、藩債は別表の如く累増を続けた。重豪襲封直前の宝暦四―五年藩は幕府より木曽・長良・揖斐（いび）三川の治水工事お手伝いを命ぜられ、約四十万両の工事費調達のため上方で銀一万三千三百貫余（金二十二万両余）を借りたので、宝暦五年の重豪襲封時少なくとも約九十万両の藩債を引継いだものと思われる。こうして約十年後の宝暦末年藩費年々の不足額は銀三千八百貫に及んだ。しかも天明八年炎上した皇居造営料として金二十万両の上納を命ぜられた。こうして享和元年には金百二十一万両余の藩債額に達した。

藩債の推移（『鹿児島県史』より作成）

年代	借銀高（同金高）
	貫　　両
元和元年(1616)	1,000(16,666)
寛永11年(1634)	8,000(133,333)
寛文7年(1667)	20,000(333,333)
宝永7年(1710)	20,700(345,000)
寛延2年(1749)	34,000(566,666)
宝暦3年(1753)	40,000(666,666)
享和元年(1801)	72,600(1,210,000)
文化4年(1807)	76,128(1,268,808)
文政元年(1818)	54,426(907,104)
同 12年(1832)	300,000(5,000,000)

右欄かっこ内は金1両を銀60目で換算。

藩債増加の因

こういう藩債増加の原因について海老原は、

本藩自他国戦争ノ末、天正中ニ至リ豊太閤ノ征討、朝鮮七ケ年ノ在陣、関ケ原ノ役、元和建櫜（けんこう）ノ後モ将軍桜田邸入御、上野造営、美濃川手伝、竹姫入輿（よ）、王子ケ原犬追物初メ火災等ソノ他シバシバ費財多ク負債積リ（『海老原擁斎君取調書類草稿』、以下『草稿』と略称）

と記している。

藩邸火災十九回

右の中藩邸火災は元和元年の桜田邸類焼を初めとして、主なものを拾っても文化三年迄に十九回（鹿児島城、京都藩邸各一、他は江戸）に及び、この間百九十二年、およそ十年に一回の割での火災で、このほかに元禄十六年の江戸地震による桜田藩邸損壊、また安永八年には桜島の大噴火による田畠数万石の損耗があり、大きな収入の減少を来たした。海老原の説く如くこれらもろもろの原因が重なって藩債の累積となったものと思われる。

藩債利息引下げ

藩債対策は藩主斉宣の第一に取組むべき課題で、まず享和二年三都の藩債利息の引下げを実現した。従来七朱の利息を二朱に引下げることを交渉、京都・大坂では成功し、江戸では三朱でまとまった。銀主たちがこういう低利に甘んじたのは、薩藩では徳政を行わず元金が保証されているという安心感があったからだという。これを永々銀といった（『九郎談』）。しかしこれでもつのる藩債の増加を食い止めることはできず、文化四年には百二十六万両に達した。

近思録崩れ

ここに斉宣は樺山主税・秩父太郎を用いて藩政改革を実施した。樺山らは㈠幕府からの十五万両借入れ、㈡参勤交代の十五年間免除、㈢琉球を通じての中国貿易の拡大を主軸に、藩債節減、藩庫増収をはかろうとした。しかしこの間に実施された急激な人事任免劇・諸制度の改廃が、重豪政治の全面的否定の如き観を呈したことから、重豪の激しい怒りを招き、樺山・秩父らの切腹をはじめ数十名の処分者を出し、斉宣自身も藩主の座を子の斉興に譲らざるを得ない羽目に陥った。文化五―六年のことで近思録崩れなどと呼ぶが、その間の経緯については拙著『島津重豪』（人物叢書）に譲る。

趣法方

藩債破棄

重豪は文化五年から文政三年迄再び藩政を後見、その間最も苦慮したのは当然のことながら財政対策であった。種々の対策のうち第一に注目すべきは文化十年の更始（徳政）である。重豪は同年六十九歳の高齢をおして帰国、直接一門重役を指揮し、十月のちに調所改革の拠点となる趣法方を特設、所帯方万般を管轄させることにした。そして江戸への出府途上十一月大坂で更始を行い、百二十余万両の藩債を破棄するという荒療治をやってのけた（『東行録』『九郎談』）。利払いだけでなく永々銀をも廃止したという。ここに大坂銀主たちの薩藩への不信は一挙につのり、旧来からの銀主は一切出銀に応じなくなって金融の道はふさがってしまった。途方に暮れた藩では遂に牙僧(すあい)（仲買人）の手を借らざるを得なくなり、自然利息も高くなり、しかも牙僧は藩の足元をみてすんなりと藩の要求に応じなくなって、文政二年末には約束の二万両の出銀を断り、江戸藩邸では大混乱に陥った。

驚いた重豪は翌三年側用人側役桜井半蔵や同趣法方勤高橋甚五兵衛・菊池東原を大坂に派遣して、鹿児島から出府途中の家老市田義宣らと善後策を講じさせた。

菊池東原

菊池東原は元来幕府御家人で郢曲(えいきょく)（俗曲）にすぐれ、重豪に召されて御伽人(おとぎびと)となっていた。物なれた人物で幕府の老中高官その他権門に出入りして知人も多く、便利な人物であったので近臣の列に加えられ、種々の機密に参画してよく使命を果し、君側の用を勤めている者であった（『雑書』『九郎談』）。

この文政三年大坂藩邸金方勤になる新納時升(にいろときのり)によると、この時も重豪は「更始」を命ずる予定で、万一大坂町人が訴え出た場合の用心にと、脇坂安董(やすただ)を通じて大坂町奉行（荒尾成章、後任彦坂紹芳）に依頼状を出してもらい、東原にいい含めてあった（同上）。

脇坂安董

脇坂安董は播州竜野(たつの)藩主で寺社奉行二回、のち老中になる人物で、文政二年にはその娘を重豪の養女にしており、公私にわたり重豪と関係の深い譜代大名である。

ただこの時は市田の反対で更始は行わず、代りに江戸経費を九万両におさえて収支を償うことにした。しかし同年の大凶作でこれは失敗に終り、七十六歳の重豪は疲れ切ってこの文政三年八月藩政後見をやめた。

大坂藩邸留守居朝倉孫十郎はたまりかねて翌文政四年重豪に直訴した。これに対し重豪は一隠居の国元移居を考えたが、前年琉球唐物販売品目の増加が許可されたことから、側用人堀殿衛（とのえ）らがこれで両隠居の経費は賄えるといい立てて国元隠居は実現せず、唐物販売の利益も見込み違いになって、同五年新納は再び国元隠居を工作したが、これも失敗に終った。こうして年々藩庫の不足は増大する一方で、文政八年七万両、同九年には九万両の不足となった。

二 唐物貿易拡大策

この間重豪の進めた藩庫増収策の一つが樺山主税らと同じく、唐物貿易拡大策である。藩は当時琉球国救助の名目で、琉球から二隻の進貢船と一隻の接貢船（進貢船を迎える船）を隔年に清国に派遣することが認められており、それらのもたらす中国貨物（唐物）の販売利益を藩庫の一財源としていた。この唐物貿易も金額および輸入唐物品目の両面から、幕府の規制を受けていた。幕府は貞享四年進貢料銀八百四貫、接貢料銀四百二貫と定めたが、正徳五年それぞれ減額して進貢料銀六百四貫、接貢料銀三百二貫とした。

その間元禄二年（一六八九）藩は幕府の許可を得て、京都の内侍原善兵衛店を琉球唐物取扱いの定問屋と定めて、販売に当らせていた。一方幕府は寛政元年（一七八九）白糸（生糸）・紗綾以外の薩藩領外での販売を禁止して統制を強化した。その上幕府の行ったたびたびの貨幣改鋳や白糸・紗綾の品質低下で、唐物貿易は次第に不振に陥った。

唐物品目増加請願

したがって斉宣は幕府の規制品に迄輸入品目をひろげて、唐物貿易の利益増加をはかろうとした。すなわちまず文化元年六月白糸・紗綾の品替りとして、蘇木（紅色の染料）・鼈甲・虫糸（てぐす）の銀千貫目分の販売認可を請願した。しかしこの三品目が長崎貿易に支障があるとして拒否され、その品目外に許可の可能性がみえると、翌二年三年と続いて請願を行っていた（上原兼善「薩摩藩における唐物仕法の展開」『史渕』第一一三輯、以下「展開」と略称）。樺山らはそこをもう一押ししようとしたのである。

重豪も再度の藩政後見を開始した文化六年八月と九月続けざまに、唐物の品目増加を

唐物八種を許す

願い出た。これをうけて幕府は翌七年九月薄紙・五色唐紙・鉛・羊毛織・丹通・緞子（どんす）・猩燕脂（しょうえんじ）・花紺青（はなこんじょう）の雑唐物八種の、三年間長崎での販売を許可した。しかしこの八種は従来幕府が許可を示唆していたもので、必ずしも重豪の力を借りなくても許可される可能性もあった。しかし文化六年八月長崎聞役（ききやく）上野善兵衛が願い出ていたように、この八種では銀千貫目の貿易額を満たすことは不可能と思われ、藩ではこれ以外に薬種三―四種の許可を希望していたので、この雑唐物八種の許可で引き退るべくもなかった。

そこでさらに文化十一年及び十三年と続けざまに品目増加を願い出た。文化七年の八種許可による九年度の輸入実績は、八種のうち鉛・緞子は買付けができず、実際には六種であった。だから水色蘇・奥手玳瑁（たいまい）・洋山人参（にんじん）の三品を加えて、合計銀千貫目の許可を得たいというのである。

これに対し何らの沙汰もなかった。しかも文化十三年（一八一六）琉球は干魃（かんばつ）・大風で飢饉に見舞われ、宮古島では千五百六十三人の餓死者を出したことを大きなこととして、十四年九月重豪は重ねて請願、その際脇坂安董に幕閣への働きかけを依頼した。

唐物四種を許す

幕府はこれを無視できず、文政元年四月玳瑁・人参は認めない代りに、蘇・硼砂（ほうさ）・桂（けい）枝（し）・厚朴（こうぼく）の四種を、向う三年間しかも藩要求の倍額二千七十貫目まで販売する権利を与えた（黒田安雄「文化文政期長崎商法拡張をめぐる薩摩藩の画策」『史渕』第一一四輯、以下「画策」と略称）。

当時幕閣に大きな変動があり、将軍家斉の側近水野忠成が文化十四年八月老中格（文政元年八月勝手方老中）に就任したことから、重豪の政治工作が功を奏したのである。文政元年忠成の分家筋安房北条藩主水野忠実と重豪の養女立姫が結婚して、忠成は重豪と縁戚関係になる。水野の存在がその後の唐物販売拡張その他にいかに大きな意味をもったかは、天保四年水野退役のうわさ（五年退役）を聞いた調所の書簡に、

長崎表の儀何分少々気請崩れ候様に相聞え込り入り申候、何故かと申候えば、これ迄やしきより頼み切りの水野公御退役にも相成り候わん、それに三位様（重豪）御逝去に候ては、定めて何か相替るにてこれあるべくとの掛念より起こりたることと相聞え申候（四月十八日浜村孫兵衛宛）

とある文言が雄弁に物語っている。

こうして薩藩はさらに文政三年二月水野忠成あてに、薬種三－四種の追加販売を請願したが、今度は誠に早く八月十日厚朴七千斤を二千斤に減じ、代りに玳瑁・白手竜脳の二種の追加を許した。その三日後十三日に重豪は後見停止を願い出た（九月一日許可）。

新納時升

このように念願の薬種・雑唐物類の販売権獲得は、重豪の強力な政治工作によってようやく実現したもので、それも薩藩の満足するほどではないということを考える時、近思録派の重豪抜きでの唐物貿易拡大策が、いかに実現性の乏しいものであったかを想像させる。

とはいってもこの唐物販売権拡大をもってしても、藩財政の窮状を打開することはできなかった。のみならず重豪の後見停止後、むしろ藩債の増加はとどまるところを知らず、文政末年には遂に五百万両の巨額に達した。

近世初頭以来の藩債増加の原因について、海老原は前記のように概観していたが、さらに重豪の婚姻政策による婚礼費用や将軍家・諸大名家との交際費の増大、及び近思録崩れ以後高輪邸に重豪、白銀（しろがね）邸に斉宣、芝邸に斉興・斉彬が居住し、しかも一般に化政時代の奢侈の風が浸透して出費の増大を来たしたとする（『顛末書』）。文政年間大坂藩邸の財政を担当した新納時升（にいろときのり）も、「今東都に費用のもっとも大なるものは、幕府大夫人の贈遺献酬（ぞうけんけんしゅう）なれ共、この事は商議の及ぶところにあらず」とし、ただ江戸に二人の隠居がいて、重豪は二十万石、斉宣は十万石の大名に匹敵、芝邸を合わせた三藩邸の経費の上に、諸子女の婚姻費用、女子のその後の化粧料等到底国産収入で賄うことはできないと指摘している（『九郎談』）。

新納の言を裏書きするように文政年間の子女縁組みが多く（前掲表）、また例えば重豪の娘淑姫が大和郡山藩世子柳沢（松平）保興に再縁するについて、文政六年十月保興部屋住みの間「奥方様御暮し方一式」として年々千二百両を給することが定められている（『雑書』）。これからみても新納の言を全くの空言とすることはできない。

斉興の性格温和

重豪の後見停止後の文政三年斉興は三十歳になったばかり、周りは父斉宣をはじめ年長の一族に取囲まれ、これに温和な斉興の性格が藩費増大に輪をかけたようである。年次・宛先共に不明の脇坂安董の「内密書付写」によると、重豪側近堀殿衛や斉興側用人上野善兵衛は、斉興の性質が「甚た内端に過ぎ何事も温和ばかり」で不心得者をぐっと抑える取計らいもできかねていると訴えたという。しかも脇坂自身の観察として「成るほど豊後守（斉興）性質甚だ温和に過ぎ、応対つかまつり候挨拶柄も果敢ら敷からず」（『雑書』）というから、重豪後見停止後数年間の藩政の緩みは否定できず、藩債膨張の要因となったようである。

したがって新納は江戸経費の抑制を財政改革の中心にすえ、その方策としてまず一隠居具体的には斉宣の国元隠居、第二に子女の経費節減を極力主張している。新納は唐物貿易拡大策が必ずしも即効薬とはならないと考えていたようである。海老原も唐物貿易の利潤はそれほどの額に上らなかったとしている（『顛末書』）。調所改革以後はともかく、文政初年迄の事実としてはそうかもしれない。

一隠居の国元隠居困難

しかし新納の提案する節減方策にしても、実現はそれほど簡単ではなかった。一隠居の国元居住は必ずしも新納の創案ではなく、すでに新納の出坂前の文政二年、大坂の銀主が出銀を断った時の重要な対策の一つとして、重豪は国元移居を決意した。しかしこれは御台所茂姫の意向で差止められ、代りに斉宣ならば勝手次第とされた（『追録』）。そこで斉宣の国元移居がはかられたが、結局実現しなかった。

土井利厚

それについて脇坂安董が文政二年四月、薩摩藩の家政向きについて老中土井利厚に出した書状に、次のような意味のことを記している。以前斉宣は制止もきかず江戸白銀に新たな土地を求めて邸宅を造り、重豪のとめるのをおして上水から水を引いて泉水まで造った。脇坂はこれが大坂町人の出銀拒否の要因だとする。この白銀邸に未練のある斉宣は初め承諾していた国元隠居を、いろいろ非難しだしたのである。奥平昌高も兄のこととて、心配するだけで意見はいえず、重豪に頼まれた脇坂が諭して、ようやく国元隠居をやめる代りに白銀から他に移ることに同意した。琉球をも支配している国柄から、死後を心配した重豪は土井の協力を願っているというのである（『雑書』）。

これに応じて土井はこの上とも介助に努めよとの達書を出し、これを受けた重豪が、幕府の達書に背かぬよう政治向きに努めよとの直書（じきしょ）を、家老中に出すという芝居をやっているのである（『追録』）。重豪さえが斉宣の牽制にいかに苦慮したかを示すが、これをみると新納の主張する斉宣の国元移居の困難さがわかる。しかも脇坂が約束させた白銀退居も、大崎村に移るとしながら実現せず、重豪死去の翌天保五年（一八三四）二月六日高輪邸に移るまで白銀生活が続いた。わがまま隠居斉宣の国元移居に固執する新納のような財政改革案は結局絵にかいたもちで、奥向きの事情を知る調所はそういう策を前面におしだすことはしなかった。

第四　財政改革主任に

一　両隠居続料掛

調所は町奉行勤務中の文政七年（一八二四）十一月一日、側用人格両隠居続料掛（つづきりょうがかり）を命ぜられた。当時二隠居の居住する高輪・白銀両邸の経費を唐物貿易で賄っていたため、調所はその調達掛を命ぜられたもので、調所の財政面への進出の第一歩であり、また調所の命取りともなる唐物貿易との出合いの端緒でもある。

両隠居続料掛（二丸続料掛）は後に唐物方さらに琉球産物生産方（藩達は琉球産物方）と称したという（『鹿児島県史』、以下『県史』と略称）。唐物方設置を『県史』は文化七年ごろとし、黒田安雄氏は文政元年十二月とする（「画策」）。ただ黒田氏の論拠とされた玉里本『通達牒』では、この時「増（唐カ）返上物掛」を「唐物掛」と改称したとあり、直接唐物方とは記していないが、唐物掛の役場を唐物方と称したと解してよかろう。

唐返上物とは従来輸入唐物を唐買物と称していたのを、正徳五年改称したものである(『県史』)。ともかく唐物方は文政初年から存在していたわけで、両隠居続料掛の改称即唐物方とする説は疑問である。

調所はその後側用人側役勤に転役後も依然続料掛であった。すなわち閏三月久馬名で調所は「両御隠居様御続料掛仰せ付け置かれ候に付き、表御用透(す)きすきには二丸へ出席を致し、御用向取扱いを致し候様仰せ付けられ候」と申渡されている。この前後閏三月は天保元年以外にないので、側用人側役に転役(文政八年)後も依然続料掛に変りはなく、この名称は唐物方と併用されていたことがわかる。

町奉行として町家との接触を深めた調所の経験が、続料掛を命ぜられる根拠になったものであろう。

広郷は二十余年君側に侍して世務に疎(うと)しと雖も、文化十五年より文政八年迄転職して外にあって財政その他の流弊国風をも親しく視察したる故に、国政を負担するの日大いに心得となり、実は国のために天の啓(ひら)きたる幸といいて可ならんか(『顛末書』)

との海老原の言は的を射ていよう。

唐物十種の追加販売権獲得

両隠居続料掛を命ぜられた調所は、まず唐物貿易の品目増加に取組んだ。従来の重豪(しげひで)

路線を一層拡大しようとするもので、その結果文政八年三月それまで「追々品替え」になっていた唐物六種の斤数を増減し、新たに十種が追加公認され合計十六種の薬種・雑唐物類の販売権を獲得した。

すなわち猩燕脂・蜍・硼砂・鼈甲並びに爪・桂枝・白手竜脳等従来の六種のほかに、新たに沈香・阿膠・木香・沙参・大黄・甘草・山帰来・蒼朮・辰砂・茶碗薬の十種を加え、向う五年間、年に銀千七百二十貫目余の販売を許されたのである（黒田安雄「画策」）。

太平布二匹を賞賜

藩では早速文政八年この免許品目を注文し翌九年帰帆したが、その効果があったとして調所は文政十年四月「二丸御続料掛の節、唐物御品増し御願い済み、去秋初めて御商法相済み候ところ、相応の御益これあり候に付き」（上村文書）、と太平布二匹を賞賜された。その前年五月調所は琉球館聞役名代勤を命ぜられ、一層深く琉球貿易にかかわることになっていた（同上）。

もちろんこの段階における調所の力を過大評価してはならない。すでに文政八年十月側用人側役勤堀殿衛が「唐物商法初発より精勤を致し、殊にこの節御品増し一件分けて骨折を致し候御褒美として」高五十石を賞賜されていた（『追録』）。また同じく側用人側役勤猪飼央も調所と同じく文政十年四月十九日に、同様の文言で太平布二匹を賞賜された

(『猪飼央役職中文書』)。

堀殿衛

特に堀は長崎商家の出身で文政二年大坂銀主が貸出しを拒否した時は、江戸表から国元に急派されて財政対策に当ったが(『九郎談』『追録』)、堀に負わされた使命は琉球貿易の拡大であったろうと推定されている(上原兼善『鎖国と藩貿易』)。その後文政七年八月大目付格勝手方唐物掛上野善兵衛死後は唐物方の責任者となって、唐物方の一層の組織充実と活動強化をはかっていたから(黒田「画策」)、当面の責任者は堀であって堀の働きは軽視できない。

猪飼央

また猪飼央は本国は近江で寛政五年(一七九三)江戸に生れ、同十二年八歳の時薩摩藩に仕えて隠居重豪付小姓となった。調所より十七歳年少で、しかも重豪側近に仕えるのは調所より二年後であるが、以来ずっと重豪側近に仕え、文政四年側役、八年正月には調所より一足早く側用人側役兼務に進み、これも調所よりずっと早く文政十一年家老に抜擢(ばってき)される人物である(『猪飼央役職中文書』)。

長崎奉行高橋重賢

その上幕閣に水野忠成があり、長崎奉行高橋重賢(しげかた)も重豪の意をうけて長崎町人を説得したらしい。重豪は唐物品増し請願の折長崎地役人たちがかれこれ苦情をいいたてて停滞していた時、高橋が地役人たちと熟談し長崎商法に支障のないように取計って、品目

側用人側役勤

定式外の株株で賞賜

側用人辞令

増加が都合よく許可されたとして、高橋の昇進を幕閣に働きかけている（『雑書』）。当面両隠居続料掛の調所としては、これらの人たちの助けを借りて続料調達に成功したのである。

それと同時に調所が着目したのが密貿易である。調所は続料掛になった九ヵ月後の文政八年八月二十八日、側用人側役勤に転役して斉興側近に復帰するが（日記）、その八月美濃（同年久馬と改称するので文政八年と推定）・監物両人名で、

右は先き御役の節、両御隠居御続料掛仰せ付け置かれ候ところ、御定式外の株々をもって往々御続料全く相備え、至って骨折り相勤め候に付き右の通り拝領仰せ付けられ候（上村文書）

と芭蕉布三端を賞賜された。注目すべきは、定式外の株々で今後の続料を全備したという点である。「定式外」の内容は不明ながら、次にみる如き当時の薩藩の密貿易の動きか

らみて、調所の働きも密貿易がらみの臭いがする。

薩藩の密貿易

薩藩の密貿易については上原兼善氏らの研究があるが（同氏前掲書等）、当時薩藩は琉球を通じて密かに昆布（こんぶ）・煎海鼠（いりこ）を輸出し、薬種・雑唐物を輸入していた。後者については薬種類に対する国内需要の高まりに、それを極秘裡に販売するだけでは限度があり、むしろそれを公式ルートにのせて中央市場に送り込み、それにより薩琉双方の財政窮迫をしのごうとする強い要求があり、そのため前述の如く文化初年以来品目増加の運動を行って来たのである。

折しもこの文政八年五月清朝から銅貿易を許されていた清国商人たちが、長崎会所に出した願書の中に、福建で琉球人が荒物・反物・小間物類その他を買集めて藩に回し、その見返りとして煎海鼠・干鮑（ほしあわび）や三ツ石昆布等いろいろな海産物を輸出している事実を指摘している（『琉球産物会所差止一件文書』、以下『差止一件文書』と略称）。調所はこれらの密貿易ルートに何らかの補強を行い、それを賞賜されたものと思われる。

唐物貿易で一定の成果を収めたとはいうものの、これで累積した藩債の整理など思いもよらず、むしろ藩債は増加の一途をたどった。文政七年八月藩主斉興夫人弥（いよ）姫の死で六千両余、同八年二月隠居斉宣の娘郁姫と近衛忠熙（ただひろ）との婚儀で一万両余、同九年世子斉彬の婚儀でも一万両余と臨時の出費も重なり、三都の藩債は文政六年百六十四万両、同九年百七十六万四千両余にのぼった（『雑書』）。そして藩庫不足も前述の如く文政八年七万両、九年九万両と増加、遂に「東武邸中の貴賤十余月をこえ月俸給せず」（『東行録』、海老原は十三ヵ月とする）という状態に陥り、恨みの声が外に聞こえるようになった。

これを知って驚いた重豪は抜本的対策の必要を感じ、その担当者として大坂藩邸金方物奉行新納時升に眼をつけた。江戸に呼ばれた新納は文政九年十月十八日猪飼央邸で、人払いの上菊池東原立会の下に、重豪の密意として大坂での更始を命ぜられた。もしこれを承知するなら必ず家老の地位に取立てて、実行できるようにするといわれたが、新納は即時これを断った。この話に大坂の奸商平野屋甚右衛門がからんでいたからだとは新納の言である（『九郎談』）。調所の死後二年目の嘉永三年（一八五〇）に書いた『九郎談』に、新納は「この時もしわれ公命を拒まずその挙を肯い遵わば、調所大夫あに意を得ることあらんや」と記すが、果してどうか。

新納が断ったことで最後に眼をつけられるのが、文政八年君側に復帰していた調所広郷であるが、必ずしもストレートに調所の登場となったわけではない。

二　高橋甚五兵衛の改革失敗

文政十年四月十五日斉興が帰国のため江戸を出発すると、調所はこれに随従五月五日大坂についた。藩主一行は八日大坂をたったが、調所はあとに残って藩別邸の石灯籠を買うという口実で、大坂市中の形勢を探った。その後側用人高橋甚五兵衛も江戸から上坂、平野屋甚右衛門の別荘にこもって何か密議を凝らしたらしいが、藩邸には何の音沙汰もなく江戸に帰ったという（『九郎談』）。

調所大坂の財政事情を調査

また、いったん鹿児島に帰った（六月七日着）調所は、閏六月末重豪の命で出府の途中大坂藩邸に立寄り、財政運用のことを新納時升に尋ねた。それに対して新納は、大坂では全く手づまりで方法がない。これを大御隠居様が聞かれたらきっと更始を命ぜられるであろう。しかし自分のように大坂商人と親密になった者には、これ迄の恩を仇で報いるようで到底できない。別に大坂の人とつきあいのない人にかえてやれば反ってやれるだろう。といったら、「調所氏も実にさることもあるべしと嘆服の体なり」という。この後間もなく大坂留守居朝倉孫十郎と新納時升は、大坂での仕向きよろしからずとして、罷免の上慎みを命ぜられた。

調所の報告を受けてであろう。その後高橋甚五兵衛が江戸から上坂、朝倉の後任東郷半助や新納の後任田中善左衛門など、新納の進言したように新顔ばかりが集まって、国元から出府途中「浪華(なにわ)にとどまる数旬」(『東行録』)の家老川上久馬と謀り、平野屋甚右衛門の策を行おうとした。

高橋甚五兵衛

新納時升によると、平野屋甚右衛門は以前大坂久宝寺町に住んでいた牙儈(すあい)で、時の大坂留守居松本十兵衛と組み更始を行って藩邸譜代の豪商を追放しようと謀り、失敗して藩邸出入りを差止められていた。それがどんな経緯でか菊池東原と親しくなり、東原を通じて奸計を重豪に上申したが、それは薩藩の旧債をすべて棄却し、国産はすべて甚右衛門が取扱う代りに、当面六万両を出して国産運用のできるまでこれを賄うというものであった。文政九年秋新納が江戸に呼ばれ、平野屋と相談して財政改革を行えといわれた時、新納が即座にこれを断ったのは、平野屋が一万両の蓄えもなく、新納を利用して六万両を工面しようとする魂胆だと見抜いていたからだという(同上)。

平野屋甚右衛門

それとは知らぬ高橋は平野屋の口車に乗って更始を行おうとしたが、平野屋は一文の出銀もできず失敗に終った(同上)。

高橋らが進退きわまって困っていると、これを知った出雲屋孫兵衛なる者が、平野屋彦兵衛と謀って出銀を申出てきた。孫兵衛は出雲出身の「姦滑の牙郎」という（『東行録』）。

高橋らの画策が失敗したことについては、孫兵衛も次のように記している。川上久馬や高橋・東郷・田中らの名を連記したあと、

右ハ御難渋ニ付キ御借入金御断リ等イロイロ御取リカ、リコレ有リ、当八月ヨリ御出坂、モットモ平野屋甚右衛門へ種々ト御密談コレ有リ、同人モ近年出府等イタシ、栄翁様へモイロイロ申上ゲ、コレニヨリ同人へ仰セ付ケラレ候得共行届キ申サズ（『家記抄』）

と。「御出坂」とは高橋が平野屋の別荘で密議したという新納の話に当るものであろう。ここで「御借入金御断リ」すなわち更始のこと等密談したらしい。そしてさらに

段々御役々並ビニ平野屋甚右衛門外御出入リ等一統、精々御密談御取計ライ等コレ有リ候得共、スベテ不都合ノ事ノミニテ行届キ申サズ（同上）

と甚右衛門だけでなく出入りの銀主らとも密議を行ったが、すべて失敗に帰したというのである。川上久馬を迎えての画策であろう。

その後の動きについて孫兵衛自身は「コレニヨリ私へ御内談アリ」と、高橋らから持ちかけられたように記して新納の言とくい違うが、とにかく高橋らにとって孫兵衛こそは正しく救いの神であった。これで当座は何とかつくろえた。そこで早速十二月久馬名で、孫兵衛に銀十枚の賞賜を与えた。

孫兵衛は平野屋彦兵衛ら脇方才覚で二万両出銀したらしい。孫兵衛の言ではこれまでもいろいろ頂戴したが、通り一遍の世話をしていたにすぎないのですべて留守居からだけであった。だから家老名での表向きの頂戴はこれが初めてだという(同上)。

しかも同じ十二月二十一日大坂藩邸書院で「御用人高橋甚五兵衛様・御留守居東郷半助様・御金方田中善左衛門様御列席ニテ」、次のように今後の藩邸出入りを申渡された(同上)。

出雲屋孫兵衛に

右以来御出入り仰セ付ケラレ候条、住(ゆ)ク住(ゆ)ク出銀向キ出精取計ライ、御銀繰リカタガタ心付キ候儀共、何篇腹臓ナク御留守居・金方へ申シイデ候様、申シ渡スベク候

出雲屋孫兵衛

出雲屋孫兵衛御用商人に

後年の調所改革の重要ブレーン孫兵衛は、こうして初めて藩邸出入りを申し付けられ、薩藩御用商人の地位を確保した。もちろんこういう例は珍しくないかもしれない。しか

し孫兵衛の場合それだけではなかった。同日さらに「御国製ノ砂糖売支配仰セ付ケラルベク候」(同上)と、薩藩の最も重要な特産品砂糖の販売支配を許す意向を内々に伝えられた。孫兵衛によると、これは容易ならぬことであるから、久馬も同役と吟味の上でないと申渡しはできないことであるが、ただの出入りだけではすまないことだから、このことだけ前もって内々にお聞かせ下さったのだろうという(同上)。この内達が久馬出府の途上大坂で行われたことから、このことは事実だと思われる。そうすると久馬が独断でこの内達を行ったことは、久馬が孫兵衛を藩財政再建の推進力として、高く評価していたことを物語る。新納によると孫兵衛の案は平野屋甚右衛門の策に、さらに奸計を加えたものだという。甚右衛門と違って孫兵衛が当座の出銀を用意できたことは、その力を示すものであった。

川上久馬

もちろん川上久馬は調所が孫兵衛あて書簡に「久馬時代打ち崩しの尻ふきにこの比手を付け申候ところ、相応成る金高に及び、さてさてこれには強はら千万に御座候えどもいたし方なく」(天保五年十月十六日、『書簡集』)とか、「惣御買入れ久馬打ち崩しの尻ふきも手を付け候ところ、これも面白き向きに相片付き申候」(同年十二月二十九日)と記しているように、放漫政策をとる人物のようであるが、久馬の孫兵衛挙用で結局調所も孫兵衛もその恩恵を受けるわけである。

文政九年から十年にかけて藩は平野屋甚右衛門に振り回されて結局失敗、次に目をつけられたのが、高橋と同じ側用人調所である。新納時升も甚右衛門は謝罪状を出し、「終には高橋も職を罷められ、調所大夫の剛断をもって更始は事故なく行れ」たと記す（『九郎談』）。

しかもこの時すでに孫兵衛だけでなく、後に調所救援の新組銀主団の一員となる平野屋彦兵衛も、孫兵衛と共にその名を連ねている。しかしこの段階における調所と孫兵衛との関係は定かではない。あるいは孫兵衛登場の背後に調所の画策があったのではないかとの推測もできるが、あくまで推測の域を出ない。

特にこの段階で調所が改革主任を命ぜられていたとするのは疑問である。従来『鹿児島県史』をはじめ多くが調所の改革主任任命を文政十年（一八二七）とし、筆者も文政十年任命、翌十一年より改革着手としたが、これは再検討を要する（『島津重豪』）。

前述の如く高橋の改革失敗の後、出雲屋孫兵衛が藩邸出入りを許されたのが、文政十年十二月二十一日である。しかもこの時の孫兵衛への久馬申渡しに、同じ側用人高橋は列席しているのに、調所は列席していない。調所が改革主任であったとすれば列席しないのは不合理であり理解に苦しむ。したがって文政十年段階はまだ調所は主任には任命されていなかったと考えるべきであろう。

ではどうして文政十年説がでてきたのであろうか。恐らく『調所広郷履歴』等掲載の調所文書に「亥（文政十）年御趣法替え仰せ出され」とあるからであろうが、同文書には別に「文政十一子年より御改革の御趣法相立てられ」ともある。このように両様の記述があることから混乱が生じたものであろう。

改革主任任命は文政十一年

そこでこの点についてさらに立入ってみると、調所文書で亥年とするのは天保七年三月分一件で、天保二年十二月、弘化二年四月、同三年等の三件には子年とある。殊に最も早い天保二年分には「去々子年」とあって僅か三年前のことを誤るはずはないと思われる。また弘化三年分には、「文政子年比に至りては、所帯方極々差迫り（中略）故三位様へ御相談の上、改革取扱い専らその方一人へ任せ申付け候ところ」（『履歴』）とあり、明らかに調所に主任を命じたのは文政十一年とある。

海老原も調所「五十三ノ時改革ノ主任ヲ命ズ、広郷ハ安永五年ノ生レニテ文政十一年ハ五十三」（『草稿』）と文政十一年と明記している。高橋との関係及び以上の如き記述から判断して、調所の主任任命は文政十年ではなく十一年とすべきだと思われる。では「亥年御趣法替え」の文言をどう考えたらよいか。

恐らくこれは、結果的には調所改革の前哨戦となった高橋甚五兵衛への改革命令を指すのではあるまいか。当時調所は同じく側用人側役勤図師崎源兵衛と共に「御取縮向御用掛」を命ぜられており（文政十一年八月家老を免ぜられる監物名で正月任命、上村文書）、その職務から大坂の財改事情調査を命ぜられ、高橋改革に最初から一役かっていたわけである。したがって文政十一年三月、調所は「この節大坂表御趣法替えに付き、初発よりかれこれ骨折り相勤め、万端都合取計らい候」御褒美として銀五十枚を賞賜された。この骨折りは必ずしも主任としての働きを意味しないと考えてよかろう。

三　改革主任となる

文政十年末川上久馬らの報告を受けた重豪は、高橋に代る担当者を物色、そこで目をつけたのが調所で、それは菊池東原の推挙によるという。

年不明四月丹波（文政九年五月家老任命）名で調所は大御隠居様御内用の儀ありとして、急ぎ（鹿児島・江戸間十八日）で出府を命ぜられ、不時出府に付き賄料として金三十両を下賜されているが(上村文書)、前後の事情からみてこれは文政十一年四月と考えられる。調所は前年閏六月大坂事情を調査して出府後、また藩主在国の鹿児島に帰っていたものと思われる。東原の推挙で調所起用を決意した重豪は、斉興にその趣旨を申送り調所出府を命じたものであろう。その後の動きは恐らくほぼ海老原の次の記述の通りであろう。

菊池東原なる者密かに両公へ申す旨有って、その情実を探索のため、調所広郷東原と同行、姓名を変じ木曽路を経て出坂し、つぶさに聞きて江戸に帰り復命す、ここにおいて両公協議、策を決せられ、改革の主任を老公より広郷へ命ぜらる(『顚末書』)

両公へ云々の語など、斉興が文政十年四月から十一年十月中旬迄在府しない当時、多少問題もあるが、調所からの又聞きの数十年後の思い出話を一言一句厳密に解釈する必要はなく、おおむねこういうことであったろう。

改革主任任命

重豪から改革主任を命ぜられた調所は、これを断った。自分は多年君側に仕えて勝手方財政のことは全く不案内であるとした。これまで度々の改革もすべて失敗した上でのことであれば、成功の自信などなかったからである(『履歴』)。するとこれまで一間ばかり離れていた重豪は、いつも持っている長脇差を手にして、調所の膝元に詰めより「お前は豊後守の側役ではないか」という。調所が「不肖の身でございますが、有難い仰せを蒙ってお側役を勤めております」というと、「側役は主人と生死を共にする職であるが、これほど危急切迫の場に追い込まれているのに、命令を断るとはどんなつもりか」と顔色を変え、まさに調所を斬り捨てんばかりの見幕で詰め寄った。文字通りの膝詰談判である。その意気込みに呑まれた調所は「やむを得ません。お引受けします」と引受けた（『顛末書』）。こうして調所の登場がきまった。その時期は恐らく文政十一年六月ごろであろう。

高五十石賞賜

調所は「御用の儀に付き、江戸大坂へ差し越され、御趣意ほどよく取計らい、格別相骨折り相勤め候に付き」として、同年六月二十日高五十石を賞賜されているが（『顛末書』）、これこそ改革主任確定に関連する重要な賞賜ではあるまいか。調所は初めて高持士となったが、無高士の改革主任は締りがつかぬとの配慮もあったであろう。

しかし重豪はこれで安心したわけではなく、さらに「その後老公と斉興・斉彬両公左近殿（重豪の子久昵（ひさちか））列席にて再び命」じた（同上）。重豪の並々ならぬ決意を示すものであるが、その時期は斉興が参勤出府した文政十一年十月中旬以後であろう。

大坂で金策古銀主出銀を断る

重豪の厳命で改革主任を引き受けた調所は、早速大坂に出て金策を練った。その経緯を天保十二年閏正月藩主斉興に提出した上書の中で、調所自ら次のように述べている。

まず従来からの銀主に強く出銀を頼んだが、「皆共手切レノ御断リ申出又ハ不都合ノ儀ヲ申出」たので、是非に及ばず古銀主は断り、新銀主の依頼に取りかかった。ところがそれまで何度か借入金返済に違約があった末であるから、どんなに手堅く相談しても一切引受けず、時にうまく運ぶかと思ったものも急に手違いになったりした。何分以前のやり方を見て懲りているので、全然話にならず出銀を断ってしまう。だから再度当方の趣旨を理解してくれるよう頼むと、今度は「種々ノ難渋アルイハ聞キ捨テ難キホドノ事」もいい出し、その度に短気が起こったが、ここで短気を起こしては終りだと考え、残念ながら胸をおさえてひたすら出銀を頼み込んだ次第だとし、

ソノ時分ハ実ニ寝食ヲ忘レ心痛ツカマツリタル儀ハ、今更筆舌ニモ尽シ難シ（『御改革取扱向御届手控』、以下『手控』と略称）

という。海老原には死を覚悟したと話している。事実であろう。

出雲屋孫兵衛の協力

この時どの段階で出雲屋孫兵衛に接触したかについては、調所は何も記していないが、調所は大いに孫兵衛を頼りにし、その協力を得ることに成功したものであろう。そうなると孫兵衛は平野屋彦兵衛を語らったと思われ、また彦兵衛は本家平野屋五兵衛の出馬を期待し、皆で五兵衛説得に当ったであろうが、その説得が最も難航したであろう。と

ころがその後、

段々日数ヲ経候内、自然ト実意相通ジ候ヤ、銀主共疑心解ケ立チ出銀致スベキ気受ケニ成立チ候（同上）

と。こうして平野屋五兵衛を本銀主とし、それに平野屋彦兵衛・炭屋彦五郎・炭屋安兵衛・近江屋半左衛門が加わって、五人の新銀主団が融資に応ずる見込みがついた。調所の財政改革の成否を占う第一段階は目鼻がついた。

新銀主団成立

調所は文政十一年十月二十一日、六月とほぼ同文で、再び高五十石を拝領した（上村文書）。恐らく新組銀主団成立の見込みがついたことへの賞賜であろう。しかもこのころ重豪・斉興ら四人列席での正式申渡しも行われたのではないか。この年の斉興の江戸城への参勤登城は十月十五日にはなく、十一月一日であり（『続徳川実紀』）、二十一日ごろ斉興が出府していた可能性は充分にありうるからである。

改革主任正式申渡し

重豪ら四人列席で改めて正式任命をうけた調所は、直ちに出坂、新組銀主団と改革の具体策を話し合い、いよいよ決着のつもりであったが、そこは大坂町人、うっかり一側用人の言を信じて深みにはまり、取返しのつかないことになってはと用心した。そしてなお「出府の上御請けつかまつるべし」と大坂での正式取り決めをしぶった。そこで調所は出雲屋孫兵衛と銀主団代表平野屋彦兵衛を同道して出府、重豪にお目見を願った。

出雲屋孫兵衛ら出府

明日お目見を許すといわれたその真夜中、猪飼央が早馬で芝藩邸の調所の所に来て、重豪が彦兵衛らの進上物を見て、「このような粗末な品を差出す者に、当家の改革ができるとは思われぬ。明日のお目見は取止めだ」というとしらせた。調所も驚いて明くる朝早く高輪に出向いて「何とも弱りました。お目見を仰せ付けられなければ、折角の大坂での苦心も水の泡で、彦兵衛ら持参の金も無駄になります」と申し上げると「その金は持って来ておるか」と聞く。調所が「当座の道をつけるだけは持参しています」というと、また「金は持って来ておるか」と聞く。「はい」と答えると「左様か、それならばお目見申し付る」ということになった(『海老原清煕紀事鈔』、以下『紀事鈔』と略称)。さすがの重豪もこれまでの経験に懲りて、慎重になっていたのである。

重豪銀主団代表と面謁

こうして重豪は高輪邸書院で初謁の礼を終えた後、庭にある小亭で両人に面謁「遠路甚だ太儀に存」ずると挨拶をして、これまでの財政困迫の事由を詳しく話し、今日ことわざに路頭に立つということがあるが「予が今日の景況は立つどころではない、路頭に寝ているのじゃから、各(おのおの)深く案じて宜しく頼むと弁説滔々(べんぜつとうとう)流るる如く」説いたので、彦兵衛が頭をもたげて「恐れ多い尊命をいただき畏りました。それについて一言申上げた

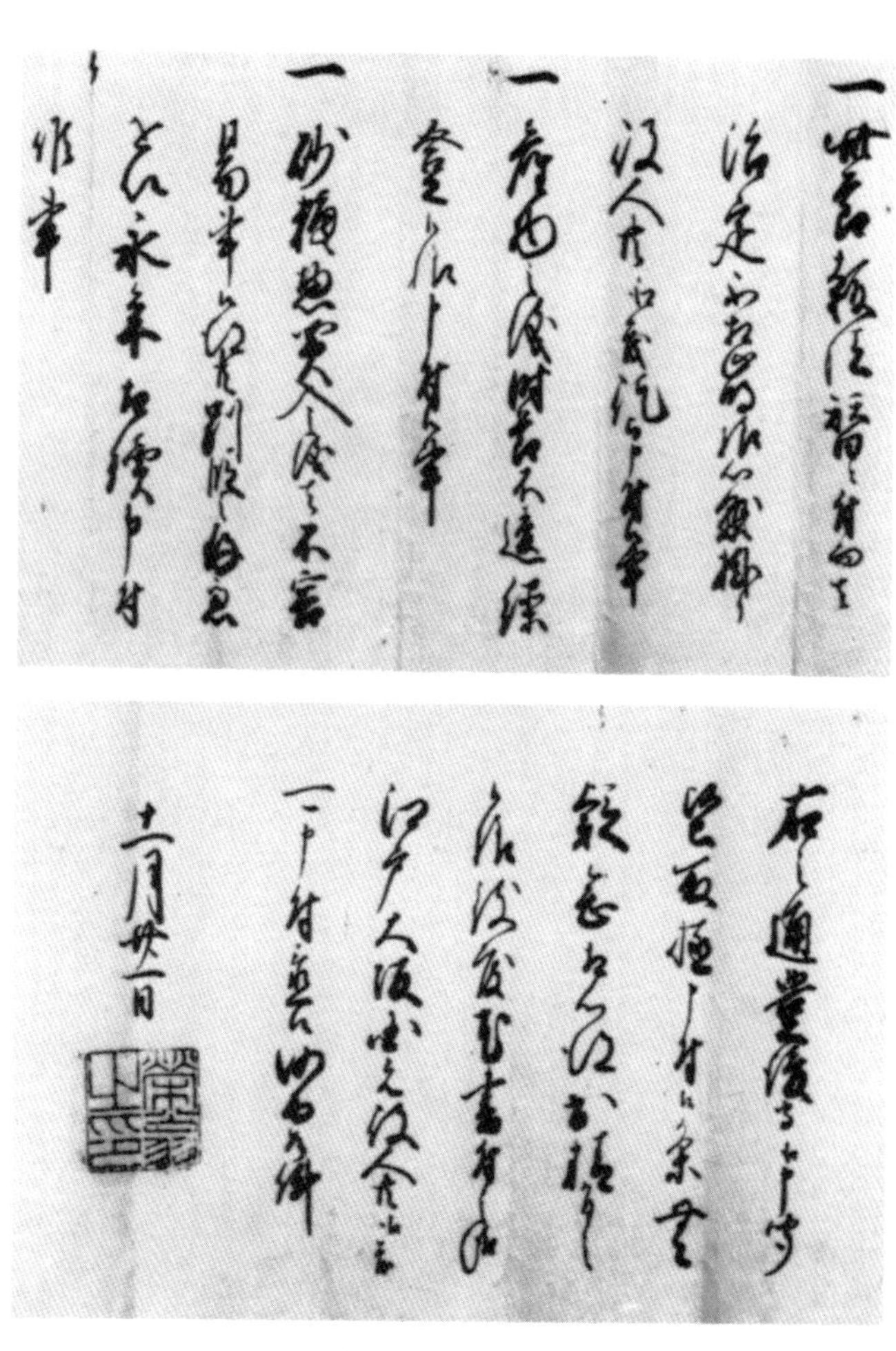

重豪朱印書（「上村文書」）

重豪朱印書により改革遂行確約

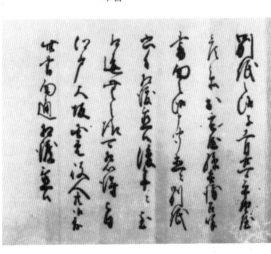

いことは、これまで御家老様や御用人様が代る代る御用金を命ぜられて、どなた様を相手にしてよいか困りました。ですから今度は改革成功まで笑左衛門様を代えないでいただきたい」と頼むと、重豪は「それは成らぬ、笑左衛門も自分の意にかなわぬ時は代える。しかし今後はその方たちに引合いの上に代える」と約束し（『顚末書』）、次のような朱印書を渡した。

一、この節趣法替えに付いては治定（じじょう）相崩れざる様心掛け、掛役人共へもきっと申付け候こと

一、産物の儀時節違（たが）えず繰登せ候様申付け候こと

一、砂糖惣買入れの儀は容易ならざる

ことに候得共、別段の存慮をもって永年相続申付け候こと

右の通り豊後守へ申聞け、堅く取りきめ申付け候条、疑念なく相心得出精これあり候様致したく、もっとも書付の趣江戸・大坂・国元役人共へも申付け置くべく候、よって件(くだん)の如し

十一月二十一日　「栄翁朱印」

これにはさらに次のような添え書きがある。

別紙の趣子(ね)十一月二十一日平野屋彦兵衛・出雲屋孫兵衛召し呼び、書面の趣申聞け、直ちに別紙書付相渡し置き候、後年に至り相違これ無き様相心得べき旨、江戸・大坂・国元役人共へもこの書面通り相渡し置き候（上村文書）

要旨は今度の改革が挫折しないよう係役人に申付け、国産運搬の時期を違えぬよう命じたこと、及び砂糖惣買入れ制の強化継続を申付けたこと、この三件を斉興とも話し合って決めたので、疑念なく一段と精を出せというものである。

ここに平野屋らは最高責任者重豪の保証、それも朱印書による保証を取付けた。文面にみる通りそれは文政十一年十一月二十一日で、ここに至ってようやく調所改革の基本体制が確立したのである。

しかし気象条件その他によって遅速の起こり兼ねない国産運搬の時期を違えないなどと確約した朱印書を、大坂町人に握らせておくことは将来に禍根を残すことになると考えた調所は、その後この朱印書を取返した。今日上村文書の中にこの朱印書があり、その包紙に調所自筆で次のように記してある。

調所朱印書を取返す

平野や並びに出雲やへ渡し置かれ候え共、拙者才覚をもって取返し置き候こと。

重豪の確約を得た後、出雲屋らは「なお亦（また）万端治定の上」すなわち改革の詳細な詰めを行った上、ようやく出銀を承諾し当座の用金を納めて帰った。さすがに双方共に慎重を極めた取組みであった。

このように文政十一年調所は財政改革主任を引受け、十一月には新組銀主団も確定して今後の資金繰りの方針も決まり、いよいよ二十年間にわたる改革が始まることになった。そこで順調な改革進行をはかる上から、調所は翌十二年正月「一往定府（じょうふ）」を命ぜられた（上村文書）。

新組銀主団編成の成功は調所の働きもさることながら、前年家老川上久馬の内約した砂糖の販売利権を、空手形にされまいとする出雲屋の執念のたまものでもあったろう。

こうして出雲屋は早速三ヵ月後の文政十二年二月一日、調所及び有馬男吏の名で、定式仕登せ砂糖七百万斤のうち百万斤の販売取扱いと、一斤につき二厘の口銭を、毎年しかも永年にわたり正式に保証された（『家記抄』）。

出雲屋砂糖百万斤の販売取扱い免許

孫兵衛が自らも出銀して銀主団をまとめたことはもちろん、誰も見向きもしない赤字の藩に積極的に肩入れした孫兵衛の心意気が高く買われた。申渡書では百万斤の蔵元支配とあるが、残り六百万斤の支配も実質孫兵衛の支配ということになるのではないか。

そして同日今後の金繰り等について、江戸・大坂と離れていてはあれこれ手違いも起こるからと、孫兵衛を江戸へ「一往居付（いつき）」とし、江戸藩邸内の長屋を与えて、十人扶持、一ヵ月五両ずつを与えることにした（同上）。

調所賞賜百石

一方調所自身も同じく文政十二年五月、その骨折りに対して高百石を賞賜された。調所は前年六月以来一ヵ年の間に二百石の高持になったのである。次いで翌天保元年（一八三〇）正月二十二日改革の貫徹を期して、調所に御用透（す）きすきには御家老座敷込へ出勤、奥表並びに大奥等諸支払いの無駄のないよう取扱えと命じ、さらにそうなると外見もあるから、用達（ようだつ）を連れ駕籠（かご）または乗馬等で出勤せよと命じた。側用人ながら大目付（おおめつけ）以上の三役待遇を与えられたのである（上村文書）。

四　財政改革発足

改革の基本方針

調所改革の基本方針は、当座の用金及び捨て置き難い用金だけは借入金で賄い、それ以外はすべて産物料で賄うというものであった。その後のことについて天保十二年の上書で調所はこう要約している。

まず第一に江戸諸払い口（支出）の縮小をはじめ諸産物の生産から販売に至る迄の手数を、精微に取扱わねば年々の必要経費が産物料では不足することになるので、それ以前のやり方をすべて改めた。次いで三都その外の借財は一応元利支払いを断り、たまっていた支払いも僅かの内払いで差延べ、三島砂糖の惣買入れはもちろん、江戸・京都・大坂・国元の各部門にわたり残らず改革を行ったという（『手控』）。支出の徹底的引締めと収入の増加をはかるあらゆる改革を行ったわけで、その第一弾としてであろう、文政十二年斉興は帰国予定を取りやめ滞府している。

斉興帰国取りやめ

かつて新納時升(ときのり)は当面藩主の帰国を一度取りやめて、藩主自ら経費節減に努める意志を表明することが、藩内一統特に大坂銀主たちの、藩への協力体制作りに大きく寄与すると再三再四主張していたが、そういう効果をねらった帰国取りやめであったかも分らない。

参勤費用に貸上金を命ず

事実参勤費用に困ったらしく、翌天保元年（一八三〇）は斉興の下国費用は出雲屋孫兵衛の出銀で賄ったものの（閏三月六日帰着）、参勤費用の調達について領民に貸上銀を命じている。すなわち同年五月五日肝属郡高山郷役人に対し、貸上銀を命ずるので武士庶民の身分を問わず、資力のある者の氏名を調べて差出せと命じた（『守屋舎人日帳』）。

趣法講

しかもその命令を伝えたのは鹿屋詰作事奉行趣法講掛の役人であり、同様の命令は藩内各郷に出されたものと思われる。この趣法講というのは藩がこの天保元年新たに開設した藩営模合（頼母子）で、高山郷の場合六十鬮の加入を募れと命ぜられて、ようやく十七鬮の加入を実現したという。武士・農民・町人を問わず藩内領民に加入を強制した模合である（拙著『薩摩の模合と質屋』）。その名称の示す如く、財政改革に当っての藩庫増収策の一環として、元来庶民金融方式である頼母子講まで利用して、零細な資金をも収奪しようと謀った実例である。その開設に当っては農政学者佐藤信淵の示唆が考えられるが、信淵と調所の改革との関係については後に触れる。天保元年は琉球使節同道の予定であったが、同年琉球使節の江戸上りは不可能となり三年に延期されたので、斉興もずっとそれまで国元滞在を続けた。参勤往復経費を節減できたわけである。

孫兵衛とのコンビによる調所の改革は、文政十二年から始まり江戸の資金繰りの見当もついた。そこで重豪は早速翌天保元年正月孫兵衛に今後大坂での金繰り、産物取りさばきに当れと命じ、二月これまでの抜群の功を賞して三十人扶持を給した。さらに同年十二月一日には孫兵衛に浜村姓を用いることを許し、次いで小姓組格に列し十五人賄料を与えた。家臣並みの取扱いになったのである（『家記抄』）。

孫兵衛に浜村姓を許す

これまでの例からみて、当初調所改革の成功に確信を持てなかった重豪も、予想外の進み具合に満足しこれまでとの違いを感得、ここで「万古不易の備え」をたてる必要があると考え、改革が二年近く進んだ天保元年十二月調所に朱印書を与えて次のように命じた。

一、金五十万両
　右来卯年ヨリ来ル子年迄相備エ候コト
一、金納並ビニ非常手当別段コレアリタキコト
一、古借証文取返シ候コト
右三ヵ条ノ趣申付ケ候コト

年来改革幾度モ申付ケ置キ候得共、ソノ詮コレ無ク候トコロ、コノ度趣意通リ行届キ満足ノ至リニ候、ツイテハイズレ万古不易ノ備エコレ無ク候ワデハ、実々改革トハ申難ク、ヨツテ来卯年ヨリ来ル子年迄十ヵ年ノ間格別精勤セシメ、申付ケ置キ候三ヵ条ノ極ク内用向、浜村孫兵衛ヘモ申談ジ、右年限中成就致スベキコト

右大業申付ケ候上ハ、為筋ノ儀ハモチロン何篇差置カズ家老中ヘ申聞ケ、時々滞リ無ク存慮通リ取計ライ致スベク、モツトモ大坂表ノ儀ハ往返致シ候テハ延引ニ及ビ候ニ付キ、取計ライ置キ追ツテ申シイズベク候、コノ旨豊後守ヘモ申談ジキツト申付ケ候条、異儀コレアルマジク、ヨツテ件ノ如シ

天保元年寅十二月　「栄翁朱印」

調所笑左衛門へ

（『履歴概略』）

すなわち天保二年から十一年迄の十年間に(1)五十万両の備蓄金を備えよ、(2)それ以外に幕府への上納金や藩軍用金を準備せよ、(3)そして宿願の藩債証文を取返せというたいへんな命令である。

しかも同文の朱印書を十二月十日孫兵衛にも与えている（『家記抄』）。調所も同日だった

であろう。

簡単にはいかないと考えた調所は、御請証の中でまず第一条の五十万両備蓄金については、年々の豊凶で多少の差はあろうが十年目には都合するとし、第二条も成るだけ努力するとした。最後の古借証文の取返しもおいおい努力するとしながら、相手の考えで応対できかねる分は致し方ないが、多少でも返済するようにして藩財政の運用には差支えのないようにするとした。

そしてこのような重大な任務しかも莫大な積立金の御用など容易にお請けできないのですが、わざわざ御朱印書をもって私如き者に御下命になったについては、身に余る光栄と存じます。以後浜村孫兵衛とも相談して努力しますと引受けて、最後に年々の出費増を抑えること、それもこれまで命ぜられた経費節減はもちろん国産品等の販売増加をはかるよう、藩内一統が心掛けるように特に申渡して下さいと念をおした（『履歴概略』）。卑賤から身を立てた一介の側用人がいくら張切っても、藩内一統なかでも上層部がそっぽを向いていたのでは、反感をこそ買え結局一人相撲（ひとりずもう）に終って失敗するのが落ちだということを、これまでの経験でよく知っていたからである。

調所同名の孫笑左衛門によると、この十年間というのは調所からつけた条件だというが(『島津重豪』)、あるいは佐藤信淵の所論とも関係があるかもわからない。信淵は天明六年と文化二年の二回入薩したといい、重豪付側用人側役猪飼央の求めに応じて、文政十一年四月『経済提要』を、同年十二月家老に進んだ猪飼に翌十二年正月『農政本論』、さらに十三年三月『薩藩経緯記』を呈した。

『薩藩経緯記』をみた重豪は大いに喜び信淵に酒料を与えたという(『復古法問答書』)。また信淵はこのほかに文政十一年十一月『内洋経緯記』を薩摩の町人で自らの門弟である相田儀兵衛に与えた。相田は信渕を猪飼に仲介した人物である。

信淵は猪飼のために、国土を経営し財用を豊かにする法を説いたが、急々の実施は困難だとする猪飼に、下策としながら説いたのが通貨合璧(ごうへき)法である。一種の無尽(むじん)で「今それ貴藩の分限をもって合璧の法を行わば、極めて小さくするというとも十年の間には五十万両の積金を得べし」(『薩藩経緯記』)とする。これが調所に十年間に五十万両備蓄を命ずるヒントになったのではないか。

また前述の趣法講を始めたのは天保元年(一八三〇)二月ごろであるが、すでにこの通貨合璧法のことは『経済提要』にも説かれているので、信淵の説を参考に趣法講を開設したのではないかと思われる。

元来調所の業績報告の性格をもつ海老原の記述には、猪飼のことは何ら記されていない。信淵と薩藩との関係は猪飼の線を通じてであったことから、海老原は信淵のことは余り知らなかったのかもわからない。殊に信淵が天保三年江戸十里四方お構いとなったこと、猪飼自身これまで定府であったのが、重豪死去の翌天保五年九月国元へ家内共引越しを命ぜられ、出発は追って達するとされたものの、重豪一筋に仕えた猪飼の勢力の衰えは明白で、猪飼の線で結びついた信淵と改革発足当初で多忙な調所とは、結局直接には結びつかなかったのではないか。

その端的な証拠は、信淵が改革すべき第一の弊政とする大坂蔵役人と大坂町人との癒着を断ち切るために、薩藩の「産物を江戸及び時価の貴(たか)き所に輸してこれを売りさばくものならば、大約四十万金ほどの年額なるべし、然れどもこれを大坂にて払うが故に、旧来定直段の弊政にて毎年十八万三千金に過ぐることなし」(『薩藩経緯記』)とするにかかわらず、大坂町人浜村孫兵衛らとコンビを組み、大坂での産物売払いを続けたことである。しかし調所が大坂町人のやり方に監視の眼を光らせたことや、信淵が甘蔗その他の農産物やいりこ等の海産物等の物産開発について、責任者を定めて実施せよと説くように、担当責任制を採用したこと等、調所が信淵の所説に影響を受けたことは十分に考えられる。

大目付格

改革の進行につれて調所は天保二年十二月一日大番頭に進み、持高三百五十石加増、翌三年一月十一日役料高を若年寄級の三百石三十人賄料に加増された。次いで同年二月二十五日大目付格となり、趣法方御用透きには家老座の一間に詰め、表・勝手家老の御用も取扱えと命ぜられた。時に重豪は重大な決意を固め、自ら帰国して国元家老たちに直接改革の趣旨を達し、大坂の資金繰りをも指揮したいと考えた。しかし八十八歳の高齢でかねて御台所から長途の旅行を差しとめられていてそれもできないので、調所を「三位様御眼代」として派遣し、国元その他の様子をよくみて言上せよと命じた。次いで三日後の二十八日家格寄合に進められ、六月家老組に編入、十月四十人賄料を給された(上村文書)。

寄合

調所広郷木像(鹿児島県黎明館蔵)
嘉永2年4月、東武出目満忠門薩藩官府出目満徳、九州工頭俗名山下出右衛門作

そして天保三年閏十一月十

家老格側詰勤

二日調所は家老格側詰勤、役料高千石を命ぜられ、対外的には家老と称するようにと達せられた。しかし間もなく二ヵ月後の天保四年一月十五日重豪は高輪御殿で死去した。

斉興改革続行を命ず

そこで斉興は同四年三月二通の朱印書を調所に与えて、改革の続行を命じた。まず、

一、去ル子（ね）年以来改革ノ趣法治定（じじょう）相崩レ候ワザル様心掛ケノコト

一、産物ノ儀時節違エザル様繰登（くりのぼ）セ方、治定通リ致スベキコト

一、砂糖惣買入レノ儀ハ、永年相続ノ儀治定堅固ニ候コト

とこれまでの財政改革が挫折しないように心掛け、産物の出荷搬送の時節を違えないようにし、砂糖惣買入れも続行するようにと命じた。そしてさらに同様朱印書で、「政路不易ノ段少シモ疑念ナクヒトシオ精勤タルベク候」と、重豪時代同様の信任を表明して一段の精勤を命ずると共に、高五百石を加増した（『履歴概略』）。

しかもこれと同文の二通の朱印書を、同年三月十九日調所並びに図師崎源兵衛以外すべて人払いの上、江戸で斉興から直接浜村孫兵衛にも渡し、五十人扶持を加え新番格八十人扶持に進めた。浜村は同年冬隠居斉宣からさらに二十人扶持を加増されたという（『家記抄』）。

斉興は重豪死後も財政改革を続行する決意を固め、調所・浜村にその実行を命じたの

家老側詰兼務

である。そして天保九年八月二十五日調所を家老、側詰兼務に進めた。調所は名実共に最高の地位にのぼったのである。

調所の家老昇進を海老原は天保四年ごろとか五‐六年とするが（『履歴』『家記抄』）、島津久光が天保十年二月に筆写加筆した玉里本『君家累世御城代御家老記』は天保九年とし、この部分は久光加筆である。天保十年の久光の記述は信頼できよう。上村文書の辞令に八月とあるのも久光記述の八月と一致し、また樺山本『要用集』には天保九年八月二十五日と明記してある。

文政十二年当面の用金調達を目途に発足した調所の改革は、その後重豪の命により天保二年以後十年間という長期の抜本的改革へと飛躍した。しかもこの年限はその後天保十二年より十四年迄、さらに弘化元年より弘化三年迄、次いで弘化四年より嘉永二年迄次々に三ヵ年ずつ延期され、調所死去の嘉永元年にはさらに同三年から四年迄の二ヵ年延期されたが（『追録』『日置藩達集』上村文書）、その嘉永元年末改革の中途で調所は死去するのである。

第五　前期改革

改革は十年で終わらず

調所改革は十年後の天保十一年（一八四〇）には終るはずであった。ところが重豪の命じた三ヵ条の一である五十万両備蓄はこの年までに完遂できなかった。しかも当時収入の大黒柱と頼む黒糖市場に異変が見えはじめ、下手をすると五十万両備蓄どころか、産物料で支出を賄う基本方針さえ動揺、再び赤字財政に転落しかねない状況であった。

　こうして調所改革はさらに延長され、ようやく五十万両備蓄を完成した弘化元年、新たに琉球外交問題が発生、調所は引退どころかさらに防衛体制確立をはかる改革に取組まねばならなくなった。こうして嘉永元年の死に至るまでその改革は続く。前後通算丸二十年に及び、その間調所は初め重豪に命ぜられた天保十一年迄の改革成果を、翌年閏正月斉興に上書報告して一応のしめくくりを行った。天保十二年閏正月十九日斉興は帰国のため江戸を出発するので、その直前に江戸で報告したものであるが、幸いにその「御届手控」の写本が残っていて、調所自身の言葉で改革の成果を知ることができる。もちろん当事者の、しかも藩主への上書とあって自画自賛の傾きを否定できないが、改革内容の事実については信頼できると思われる。それに海老原の記述等を参考に天保十一年迄を改革前期としてまとめ、以後の八年間を後期として、改革を二期に分けて概観することにする。

その際必ずしも前後に截然と分かち得ない改革内容もあり、やむなく前後期のいずれかにまとめることもありうるが、特に唐物貿易関係は当初からの大きな柱の一つであるものの、調所の死因との関連もあり後期にまとめることにした。

調所、前期改革を六項目に分類

調所の『御改革取扱向御届手控』(鹿児島県立図書館写本)は、各項に「い・ろ・は」の印（しるし）をして「へ」迄六項目に分類、「い印手控八通」以下それぞれ十通・六通・五通・三通・三通から成って合計三十五通に及び、最後に十年間の経緯と当面の課題をまとめて、「これによりこれ迄取扱いつかまつり候条々、別紙手控書をもって大意迄御聞に入れ奉り候」と締めくくっている。

「い」から「へ」の六項目の分類基準は必ずしも明確ではないが、あえてまとめてみると、

い、国産品の改良増産

ろ、支出節減の努力

は、諸蔵の管理出納方法の改革

に、諸役・役場の整備

ほ、運送船の建造

へ、諸営繕・土木工事の実施

となろう。もちろんこのくくり方からはみ出すものもあり、また三十五通の中には内容的に相互に関連があって、どちらかの分類項目にまとめた方がよいと考えられるものもあるので、それらは適宜整理しながら努めて調所の分類に従って概観してみよう。ただ調所の『手控』に記されていないものでも前期改革に相当するものは取上げることにした。

改革中の調所動静

要は調所が重豪に注文をつけたように諸支出特に江戸のそれをできるだけ引締めること、それと共に努めて支出出納の合理的改善をはかること、次に「御産物仕出し方より大坂表売りさばき等の手数」すなわち諸産物の耕作・収納・保管・運送・販売に至る、生産から流通段階の不合理無駄をはぶき、少しでも収入の増加をはかることであった。

このような大目標に向って改革を進めるに当り、調所自らは夜明けに起きて客に接し、終日正座して職務に精励、飽きることはなかったという。碇山将曹の言に調所の思慮は十分を越えて十三分だとあるが、時に思慮細密を加えた（『履歴概略』『記事鈔』）。その間調所は年々国元を出発、九州中国を経て上坂し、国産の精疎出納より江戸京都の続料・琉球三島の用途について皆浜村孫兵衛及び留守居・金方と協議、続いて上京、錦藩邸の百事を聞き同じく伏見邸の事務も指揮し、近衛殿に出て謁し、終って東海道より江戸へ出て三邸へ謁し百事具上した。そのころ江戸では芝邸に斉興・斉彬、高輪に重豪、白銀に斉宣がおり、芝邸には家老一名・用人一名がいたが、大小出納のことをはじめそれ以外も可否は皆調所と議決したので、諸務残らず聞かざることはなく、また三邸の外に桜田・南向・堀端・品川・田町の藩邸があった。趣法方に新納四郎右衛門がいて初めから改革を命じて庶務を総括し、その他幕府に関することは藩邸詰家老と協議することであったが、出納に関するためすべて調所と相談した。したがって大小の事務は至って繁劇であった。しかもその江戸国元往復の道中も、各地の治世・物産・民生等に心を配り、自らの改革に参考になり有益と思われるものは積極的に採用した。

改革遂行上の留意点

その上改革事業遂行上特に留意した点は、それぞれの事業に責任者を定め、受持分担制をしくことを原則とし、しかもその人選に当っては「人柄吟味」と、人物に重点をおくと共に、監察制度を強化した。金穀等種々の出納管理に当って担当の見聞役をおき、随時その査察取締りを行わせて不正の防止に努めた。また砂糖を初め鬱金・朱粉等について抜荷を厳しく取締り、販売ルートの統制を強めて藩庫の増収に努めた。

さらに重豪の死後藩内最高の存在となった隠居斉宣の処遇に配慮し、天保四年冬まず浜村孫兵衛に白銀邸御内用取扱いを命じた（『家記抄』）。次いで近思録崩れ以後二十五年間、実現できなかった一時帰国を天保六年に実現、その際将軍御台所茂姫の従弟市田長門を家老に再任して幕府工作に当らせ（『九郎談』）、帰国実現後市田は退役した。鬱積した斉宣の不満を解消することが、改革遂行に好都合との判断が調所にあったものであろう。

一　国産品の改良増産

調所は改革に当って支出軽減をはかる一方、種々の増収政策を講じたが、その中心は国産の改良増産とそれによる藩庫増収をはかることであった。天保十二年の上書で利益を上げた国産品として、砂糖を初め米・生蠟・菜種子・鬱金・朱粉・薬種を挙げている。そのほか胡麻・雑紙・櫓木等についても「程々に応じ御利益」があったが、取分け申上

江戸時代郡郷図（熊毛・馭謨・甑島の三郡と大島を除く）

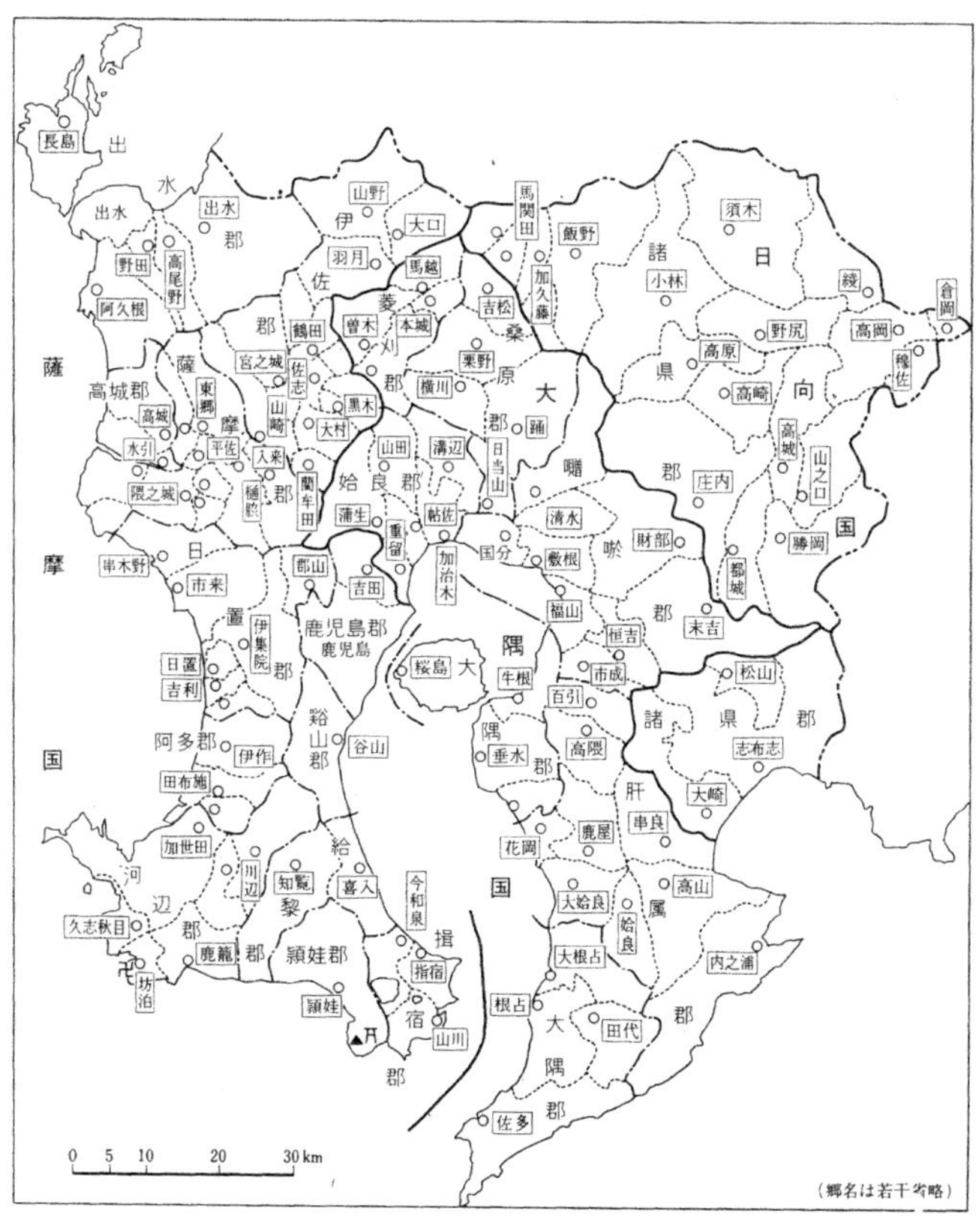

げるほどの金高にも及ばなかったのでと省いている。改革の目玉である砂糖については別項に譲り、次に米以下の国産品について概観する。

米

郡奉行に数郷を担当させる

米作改良に当り調所は農政担当の郡奉行の人柄を吟味し、それぞれ数郷を担当させて時々受持郷を巡回、農耕の指揮監督に当らせた。したがって、田畠の仕付けから取納め方まで行届くようになり、秋口の仕登米の取納め方はもちろん万事都合よくなった。従来薩摩米は俵作りが悪くて運送中の船の中や集荷時に洩れ米が多かった。そのため大坂の水揚場では散落米を掃き取って売買する者がいるほどで、その収益は数十両にもなったという。

薩摩米の悪評

肥後米を手本に改善

殊に「米拵」すなわち刈取後の米の調整が悪くて、大坂市場で薩摩米といえば米屋はみんな嫌って値段も格別下落していた。そこでまず従来の規定を基本に不足な点は増補し、米こしらえ・取納め・桝目・俵作り等を綿密に調査し、肥後米を手本にして大坂から唐箕を買入れ、調整作業の改善をはかった。その上俵占め道具も作って俵装をより堅牢にした。その結果今では米質は仕方がないが、調整作業・俵作り・入実等は他国産米よりよくなり、大坂堂島市場での評判も立直った。すでに天保二年俵作りの改善を行い

薩摩米好評で値上り

入実を規定通り入れることにより、石当り銀五匁ずつの値上りになったというが（天保二年上書、ただし別表とは相違）改革以来十年間の年平均米価をそれ以前と比較すると、別表の如くになり、八二％余の上昇となっている。

調所の総括では改革以来十年間の仕登米総額十三万石、石当り銀二十目以上の値上りで、銀三千六百貫目（金六万両）の利益という。別表でみると石当り年平均米価の上昇は四十三匁余となるが、調所は天保四年の凶作以来米価の異常さがあるとして抑さえている。改革後の年間仕登米の額は必ずしも増加しておらず、利益は専ら米作改良による値上りに起因するものである。

大坂仕登米総額及び販売価格（『手控』）

改革後			改革前		
年度	総額	石当り価格	年度	総額	石当り価格
	石	匁		石	匁
天保元	11,510,00	76,473	文政元	18,650	43,435
2	8,534,40	70,187	2	19,910	34,078
3	12,998,40	82,873	3	23,150	40,502
4	7,584,00	112,337	4	22,350	49,919
5	12,328,32	74,662	5	23,788	49,802
6	15,725,00	99,067	6	16,413	56,412
7	12,163,20	153,632	7	15,500	52,031
8	16,726,00	111,080	8	13,827	66,009
9	12,672,00	111,525	9	12,840	50,591
10	15,000,00	72,000	10	15,910	49,322
以上10年間年平均	12,524,132	(182,5%) 96,383	11	13,757	78,088
			12	10,440	63,563
			文政年間年平均	石 升 17,211,25	(100%) 52,812

生蠟仕登高及び１斤当り価格(『手控』)

年代	生蠟産額	１斤当り価格	年代	生蠟産額	１斤当り価格
	斤	匁　毛		斤	匁分　毛
天保元年	166,621	1,630,062	文政２年	575,321	0,965,5452
2	279,691	1,635,120	3	469,543	0,718,3205
3	170,550	1,746,096	4	215,139	0,936,1022
4	374,442	1,797,047	5	372,413	1,106,5580
5	221,454	1,871,753	6	87,358	1,033,6210
6	330,537	1,923,314	7	386,092	0,922,6019
7	363,563	1,766,096	8	238,520	0,791,6811
	外ニ野田蠟 10,482	1,971,043	9	267,401	0,890,0829
8	155,171	1,881,142	10	261,798	1,082,3750
	外ニ皿居蠟 25,907	1,968,329	11	244,017	1,142,1060
	野田蠟 10,600	1,939,358	12	241,074	1,482,0000
9	134,546	2,325,408	11ヵ年 平均	305,334	1,107廻り
10	117,414	3,574,000			
	外ニ皿居蠟 11,600	4,529,000			
11	238,486	3,384,052			
	外ニ皿居蠟 25,758	3,501,590			
11ヵ年 平均	239,711	2,139廻り			

調所は仕登米が一万九千五百石増加したとするなど、数字に多少相違があるがほぼ上記の如き利益と考えてよかろう。

生蠟

生蠟も従来品位が悪く、また大坂の蠟屋の計量も勝手なやり方で斤目不足が目立った。それで俵作りや斤目等念を入れて出荷し、大坂蠟屋に量り渡す時は度々担当者を出張させて立会わせ、厳しい姿勢を見せたところ、近来蠟屋も自然と勝手な計量も少なくなり値段も格別上昇した。別表でみる如く改革後の一斤当り価格は倍近い九三％も上昇しているが、調所は近来諸国共に枦実(はぜのみ)不熟で高値になっているからと、益金は申上げずとしている。

大坂蠟屋の監視を厳重に

生蠟改良に当って調所は桐野孫太郎に白蠟製造を命じて中国筋の蠟屋を調査させ、自らも京坂・長崎で聞合わせ、そのほか安芸の蠟師を雇入れ、桜島・垂水辺の生蠟で製造させて品質も格段とよくなったのだという(『家記抄』『履歴概略』)。また生蠟自体の改良を行い各郷共に品質が向上したが、天保十年ごろ産出が減少したので、大坂から枦苗を買入れ筑後松崎から接枦(つぎはぜ)培養の指導者を招き、また蠟絞(ろうしぼり)師を雇入れて品質の向上に努めた(同上)。

桐野孫太郎

嘉永二年の『御産物御仕登金銀銭御蔵納高万控』に、同年春の分として、大坂をはじめ江戸・京都・琉球産物方・春屋等出荷先別の各産地生蠟数量を掲げているが、その産地は産額順に山川・田布施・桜島・桐野方・谷山・隈之城・大根占・出水・高山となっている。

改良は天保三年から

菜種子

菜種子の改良は天保三年から始めた。それ迄は一俵の入実三斗二―三升で、その上土砂混じりの下等品が多く、値段も格別に下落していた。改革以来取納め法はもちろん、こしらえ方も至極念を入れた。俵作りは従来叺入りで、菜種子が小粒なため洩れ捨たりが多く出ていた。そこで紙袋に入れそれをさらに俵に入れて出荷したところ、散り捨たりが少なく入実も十分のうえ品位もよくな

菜種子仕登高及び石当り価格(『手控』)

年　度	産　額	石当り価格
文政３～12年 １ヵ年平均	石 3,275,624	匁　厘 61,28廻
天保元年	4,152,919	57,632
2	3,726,400	66,199
以上改革前		
3	4,000,000	77,340
4	4,000,640	92,694
5	4,000,000	102,181
6	4,000,000	100,845
7	4,000,000	111,582
8	4,000,000	108,905
9	4,021,440	96,184
10	4,000,000	94,155
８ヵ年平均	4,002,760	97,986

って、値段も上り他国産菜種子に比べ最高価格になった。改良は天保六年ごろまでに成功し、容量も改革前一俵三斗二―三升であったのを、同七―八年には三斗七升、同九―十年には三斗八升とした。天保三年から十年迄八年間の出荷高三万二千石について、石二十三匁増と見積り、代銀七百三十六貫目(金一万二千二百六十六両)の利益になった。

その改良増産のために骨粉肥料の配給に努めた結果、産額は二十万石あるいは十五万石に増加したというが(『履歴概略』)、そのうち四千石ぐらいを大坂へ出荷したということであろう。

大坂油屋共は良質の薩摩産菜種子が欲しい余り、唐物取締りの名目で薩摩産菜種子に限り、大坂・堺・兵庫三ヵ所以外の販売を禁止するとしたが、これはその後大坂町奉行から禁止されたという。品質向上の成果をうかがわせる話である(『履歴概略』)。

鬱金

止血薬・香料または黄色染料に利用される琉球鬱金(うこん)は、他国に比類のない格別の産物で、薩藩では正保三年(一六四六)砂糖と共に専売品として鹿児島に積み登させていたが、寛文九年(一六六九)以降相場にかかわらず一定価額で買入れることとして脇売りを禁止した(『石室秘稿琉球国要書抜萃』)。その後度々改良も行われたが結局抜荷が多くて天保以前上方(かみがた)での値段も下落していた。

したがって改革以来沖永良部島及び奄美三島その他の島々や各地方の欝金を、すべて掘り捨ててしまい、琉球だけに場所をきめて植付けさせ、また製法も念を入れさせた。その上抜荷取締りも朱粉同様厳重に実施し、京大坂の販売口での密売を取締ったところ、段々値段も上昇し、去る天保七年京大坂での販売法を改めて一斤銀十五匁に値をたて、それを今日迄おし通して売りさばかせているという。

欝金栽培は琉球に限定

これについて海老原はこう記している。天保六年十二月二十三日大坂に着任した海老原が、翌七年夏初めて調所に面謁、着坂以来半年間の見聞をもって大坂藩邸中の悪弊を直言したところ、それに感じた調所が近年欝金の価格が下落しているので、一斤金一歩となる策をたてたら何でも海老原の望むところを与えると約束した。三十日余滞坂した調所が下国後、海老原は京都に上り茶碗屋甚兵衛という欝金に精通した老商から、低価となった理由を聞き出し販売法を改めたところ急に価格も上昇したという。同年一斤銀十五匁(金一歩)というのがその効験であろう。同年冬から海老原は調所に随従を命ぜられることになる(『履歴概略』)。

海老原の欝金販売法改善

調所は続けていう。一斤十五匁で売出したところ一昨年ごろから抜口は全く塞り、遂には京大坂商人共が蓄えていた品物もなくなって販売高も格別増加し、貯蔵していた数万斤もなくなったので旧冬琉球に増産を命ずるほどになった。今後(天保十一年以後)は年々三万斤ずつ出荷することに決定した。改革以来の販売銀高千四百五十貫目(金二万四千百六十六両)で、今後年三万斤、一斤十五匁として銀四百五十貫目(金七千五百両)の売上げになるつもりという。

朱粉

抜荷取締り困難

琉球産朱粉は至極良品で従来から販売法も定まっていたが、何分非常に荷造りの細い品物で抜荷取締りは大変困難であった。改革以来特に抜荷取締りを綿密に行うようにし、琉球登り船が山川に入港した時には細かに積荷を改め、時に隠密の手まで使い、江戸・京大坂でもいろいろ探索取締り方を申渡したところ、ようやく抜荷もやんで、去る天保九年から江戸朱座御用を受けるようになり、同年八百三十包、十年三千七百五十包、今年これ迄三千百七十包ほど渡し、大坂でも江戸に準じてさばけるようになった。江戸・大坂両朱座の滞納銀も二十貫目余もあったが、これも両所共今年中には皆納のつもりである。したがって江戸・大坂両所の販売高の見積りはおよそ次の通りである。

江戸朱座

大坂朱座

朱粉一万包　斤にして五千八百十二斤半

代銀三百三十四貫八百目

金にして五千五百八十両　ただし一斤に付五十七匁六分

今後も油断なく取締りが行届けば、年々四-五千包の販売は可能で、国元に貯蔵した朱粉がなくなれば琉球に注文する手はずも整える段階に立至ったとする。

薬種

薩摩産の薬種は他国産より勝れていたが、以前の仕向きは不行届のことばかりで、支配人の滞納も過分にあって今後の方策も立ち兼ねていた。そこで天保七年改革を行い、人柄吟味の上薬園奉行を任命、滞納銀は新支配人に引受けさせてすべての仕向きを綿密に申渡した。出産の品は大坂仕登せ以外は、近国売りまたは国用に販売し、京大坂では見聞役の内特別に掛りを申付けておいて種々手をつけさせたところ、追々販売口も開け天保十年秋迄に薬園方に銀百貫目の利益があり、滞納銀も無事上納になった。その上大坂での販売価格もようやく進み、現状でいくと将来一かどの国益になると思われる。また今後土地相応の薬品を仕立てれば、利益はもちろん採薬業者の仕事にもなるので、折角薬種繁茂の儀を吟味中というのが天保十一年の段階で、後年唐物薬種ともからめて事業化をはかることは後述の通りである。

天保七年改革

以上のような報告を行った後、さらに調所は今後の課題として、藍の増殖、生蠟増産のための枦苗試作、蠟絞り法の研究、楮（こうぞ）の改良増植等を指摘して覚悟のほどをみせた。

二　砂糖専売制の実施

大島への製糖法伝来元禄年間説有力

薩摩藩最大の特産品砂糖は調所改革の目玉商品であった。すでに浜村孫兵衛ら新銀主団引込みの大きな取引材料が道之島（奄美の呼称）砂糖であったし、海老原が「三島砂糖ノ精疎大本ナリシ故」（『履歴概略』）という如く、良質の砂糖をいかに高く販売して収益の増加をはかるかが、当面改革成功の最大のポイントであった。こうして採用されたのが奄美大島・喜界島・徳之島三島砂糖の惣買入制すなわち専売制である。浜村孫兵衛の発案だというが、後述の如くすでに薩藩には砂糖専売制の経験はあった。

大島（奄美大島、以下同じ）における製糖法の伝来は慶長年間というのが通説であるが、近来元禄三－四年説も有力である（『名瀬市誌』）。砂糖生産の開始と共に藩はその買入れに着手したと考えられるが、始期は明確でなく、史料的に確認しうるのは正徳三年（一七一三）で、以来藩主重豪時代安永六年から天明七年まで約十年間惣買入制を実施したものの、重豪隠居後また定式買入制に戻って文政期に及んだ（『県史』等）。

買重糖

すなわち天明七年（一七八七）定式買入制に復したが、従来の定式買入糖のほかに買重糖（かいかさみとう）が加えられ、本来臨時的なものであった買重糖は藩財政の窮迫化と共に増額されていった。この政策は道之島社会に疲弊をもたらし、島内での階層分化を激化させたため、大島代官本田孫九郎はその改善策を上申したが採用されず、むしろ島役の増員など監視・督励策がとられて、支配は強化されていった。その結果島民の中に極端な労働意欲の低下がみられるようになり、ここに藩は文政元年（一八一八）島政改革を行って、山川港における自物砂糖の惣買入れを令達した。それは高価な大坂相場に連動する糖価での買入制と考えられ、三島における砂糖生産意欲を刺激しようとするものであった。一方砂糖献上などによる郷士格身分の取立てが盛んに行われて、島内の上流階級の再編成がもくろまれた（松下志朗『近世奄美の支配と社会』）。

文政元年島政改革

砂糖惣買入制

こういう体制の上に調所の改革を迎えるわけで、調所は砂糖を「御改革第一之根本」（『手控』）にすえ、文政十二年冬三島砂糖の惣買入制実施を決め（『大島代官記』）、天保元年（一八三〇）三島方（ほう）という担当部局を特設して、惣買入制を実施した。

三島方

三島方は三原藤五郎に総括させ、その下に宮之原源之丞・肥後八右衛門を配して掛としたが、大島へ代官として宮之原を送るほか、付役（つけやく）・横目五名、喜界島へは代官肥後八之進ほか四名、徳之島へも代官向井源蔵ほか四名を、前任者の任期途中の天保元年派遣

代官交代

交替させた。宮之原は文政六年付役として、向井も同年横目として共に大島へ赴任したことがあり、肥後は同十年横目として喜界島に、同島徒目付長崎新之助も七年同島蔵方目付に、また徳之島の付役椎原助八も文政六年同島付役として赴任の経験ある者で、こういう経験者を交えて糖業政策の円滑な推進をはかろうとしたものである。

宮之原源之丞

天保元年二月二十九日大島への出発直前、宮之原源之丞は京都発信の調所書簡への返書を出しているが（『宮之原源之丞書簡』）、その中で、

> この節の御改革に付き、ただ有難き御趣意全く相立ち候様これなく候では、きっと相済ませられざる御時節と恐れながら存じ奉り候間、いささかも等閑の心底御座なく

とし、そのため森川利右衛門や平田直之進（文政六年大島見聞役）らとも徹夜で論議を繰返し、「下島之上ハ少事タリトモ御為筋（おんためすじ）ノ儀ハ差置カズ取扱イツカマツル含」みと、新任務への固い決意を表明している。森川は宮之原の後任、前出の肥後八右衛門は森川の後任として大島代官となる人物で、共にその後の調所改革を支える人材である。そして喜界

島の榑木（砂糖樽の用材）の処置について肥後八之進や横目岩切彦兵衛と、また徳之島の上納糖の不足対策を向井源蔵と話し合っていること、さらに三島上納尺筵の不足について「当春下島ノ上ハ精々積登セ候様取計」らう等、すでに具体的な政策について他島代官とも話し合っていることを報告していて、宮之原の意気込みのすさまじさを思わせる。

大島・徳之島ではこの年付役それぞれ一～二人を減員し、かつ大島では付役の六仮屋から役座を取除きその統廃合を行う一方、西間切・笠利間切の横目を一人ずつ増員して合計十三人とした。そして砂糖惣買入れ制をとり定式糖だけでなく余計糖もすべて藩に買入れることを達した（『大島代官記』）。

そこでまず三島共に産糖の脇売り、商人の入込みを禁じ、かつ古未進をはじめ従前の債務を停止し、島内外の私的な取引及び金銭通用をも停止した。また砂糖の抜荷を厳重に取締り、島中に甘蔗すなわち黍の作付を広げるように命じた（同上）。

喜界島代官肥後八之進四十二ヵ条の申渡書

以上は三島とも同じだったと思われるが、三月十七日（『喜界島代官記』、『喜界島史料』では閏三月十七日）喜界島に着いた代官肥後八之進は九月四日横目岩切彦兵衛・徒目付長崎新之助と連名で、同島与人中・横目中にあてて四十二ヵ条の申渡書を達した。その中でまず鹿児島から赴任した詰役への饗応について種々の振舞や進物を禁じ、代官所用の筆紙墨や畳敷付けについても規制を加えて節約の範を示した。同様に現地の島役（与人・惣横目・黍横目・田地横目・竹木横目・掟・黍見廻・筆子・功才等）についても、与人居宅の畳敷替えや葬式の簡素化・扶持米その他を自費運搬することとその他を規定し、島役が百姓から田畑を買い受け村内の者に耕作させることを禁ずる等々の自粛を求めた。

また島民に対しても祭りの際の出費を抑えるよう規制を加えた上、島民から鶏・卵・野菜等を過分に徴収することを禁止し、余計の物入りのないようにと達した。正月二日蔵祝は行事そのものを禁止する等、祭祀その他の島民の娯楽部分に迄強い規制を加えて、砂糖生産に精出すようにと要請したのである。

すなわち今年より夫役使用を減じたので、百姓たちはその趣旨をよく理解して黍作はもちろん「作職専ら出精を致すべく候」と申渡した後、黍地の打起し・草取りなどの手入れを油断なく行い、さらに砂糖煎方（煮詰め）・入樽こしらえ方・取納め・積入れ方など万般注意するように指示した（『喜界島史料』）。

大島代官肥後八右衛門嶋中申渡

その後天保五年大島代官として赴任した肥後八右衛門は横目二人と連名で三十六ヵ条の「嶋中申渡」一冊を島役に手渡しているが、前記肥後八之進の申渡書と共通する十三ヵ条以外の大半は、砂糖生産に関するものという（松下志朗氏前掲著）。黍地草取りや新黍の植付け・入樽のこしらえ方・榑木・帯竹（樽を締める竹）の調達や砂糖樽焼印押し方について帳面作成と切封を指示する等のほか、砂糖代米を一斤に付き四合と統一、御物御定式（年貢上納分）や鍋代・品物代の計算方法について規定している。

黍地を割当て耕作強制

このようにして鋭意砂糖増産政策を強行していったが、そのために島民に黍地を割当て強制的に黍の耕作を行わせる方法をとった。先ず各島毎の黍地総反別を定めたが、大島二千四百町歩、喜界島八百町歩、徳之島千八十町歩であった。徳之島について「島民保持ノ内毎年黍ヲ植ルノ地ヲ割賦スルニ、天保五-六年以来千八十町歩ヲモツテコレカ定額トス」（「砂糖惣買上方法」『南嶋雑集』）とあり、総反別は必ずしも当初から一定してはいなかったようであり、その割当方法も各島によって多少異っていた。

大島の割当法

大島では「各島ニ比スレバ甚ダ粗ナリ」（同上）とある如く最も大ざっぱで、各方（郡に相当）各村の土地の広狭と人員の多寡を概算して、その年の黍作総反別を定め、各村でこれを作用夫に割当てた。作用夫とは男子十五歳から六十歳迄の者の内、島吏・士族格及び在番士を除き、女子では十三歳から五十歳迄の者の内、士族格の妻子と在番士の妾を除いたその他の男女のことである。しかもこの男女に黍地を割当てるのに男女を各上中下の三等に分け、ほぼ別表の如き比例によった。ただこの上男・中女等は身体の強弱等で分けるのではなく、田畑を多く所有し島内上位の資産家を上男・上女とする方式であった。

1人当り黍地割当面積の一例

	反畝
上男	1,5
中男	1,2
下男	8
上女	8
中女	6
下女	3

喜界島の割当法

喜界島の場合やや複雑で、まず八百町歩の内四百町歩を現高、残り四百町歩を反別に割付けて(A表)、各村の受持黍地を定め(B表)、各戸割当てはそれぞれの受持高に割当てた(C表)。

喜界島黍地割当法

〔A表〕

400町÷現高10,835石6斗7升4合8勺4才＝3畝21歩(1石当り黍地)

400町÷惣反別1,669町8反4畝26歩＝2畝12歩(1反歩当り黍地)

〔B表〕 湾間切湾村の例

現高 611石6斗1合6才×3畝21歩＝22町6反2畝28歩

反別 117町6反4畝9歩×2畝12歩＝28町2反4畝19歩

黍地合計 22町6反2畝28歩＋28町2反4畝19歩＝50町8反7畝17歩

農民受持高1石に対する黍地

50町8反7畝17歩÷611石6斗1合6才＝8畝10歩

〔C表〕 湾村農民の黍地割当反別の例2つ

農民a～受持高1石3斗5升×8畝10歩＝1反1畝8歩

農民b～受持高5石2斗5升×8畝10歩＝4反3畝22歩

徳之島の割当法

徳之島では各村毎の黍地反別は村中高や人員の増減に関係なく一定しているが、一戸一員の割当高は年々異る。まず村中の作用夫数を調べ、男女それぞれ上下の二等に分け、上男一人を高一石、下男五斗、上女五斗、下女二斗五升として、これを人員高に見積り、村高に合算して黍地反別を割出す。某村の例を示すと、

一黍地反別七十三町八反六畝（一定の割賦反別）

この小前割合

高六百九十六石　村高

人五百三十五石　人員高

内

百六十石　上男百六十人

二百十石　下男四百二十人

七十五石　上女百五十人

九十石　下女三百六十人

合計千二百三十一石

右黍地割合、高一石に付き反別六畝歩宛

そして各戸の受持黍地は上男下男、上女下女数によって計算された人員高と持高を合計して、その合計石高に一石当りの六畝歩を乗じて得られた（『砂糖惣買上方法』）。

さらに作付け・手入れから製糖に至る作業過程については、従来以上に厳しい指揮監督を加え、黍横目・黍見廻の指導に背く者には道路修繕等の科役を課し、黍の刈株の高い者は首に罪人「札」をかけて村中を引回し、製糖粗悪な者等は首枷（かぶり）・足械（しまき）の酷刑に処した。また抜砂糖を企てた本人は死罪、共犯者も重い者は遠島に処し、かつ少量の砂糖でも島民自身の消費や貯蔵は許さず、指先につけてなめただけでも鞭を加え、子供が甘蔗を盗み食いするのさえ捕えて棒しばりとし地上にさらしたという（『奄美史談』『県史』等）。

抜砂糖は死罪

このように徹底した島民の砂糖消費並びに密売についての厳禁政策、しかもこれを酷刑をもって実施することによって藩庫増収をはかった。

こうして生産した砂糖を定式糖のみならず余った余計糖もすべて藩に買入れ、それに対する代金は金銭ではなくすべて現物で支払うことにした。大島の場合天明七年以来定式・買重糖四百六十万斤と定められたが、寛政十一年以来四百六十万斤を定式糖に、天保五年には余計糖三百万斤と指示された。

余計糖買上げには現物支払い

余計糖は毎年各村の掟（おきて）・筆子（てっこ）などの村役が植付黍地を検査して次年度の産糖額を予想し、その額から定式糖等諸税糖分を控除して、その余りを余計糖としてそれに代物を与えるものである。代物については希望する品物を島民に注文させ、それを間切役所でまとめ代官所を通じて鹿児島の三島方に上達、三島方ではそれを鹿児島や大坂で仕入れて各島に送り島民に配当した。

また天保十年（一八三九）には、余計糖のうち代物を注文せずに余った分に対して、黍横目が羽書（はがき）を振出す制度を始めた。その通用期間は毎年五月から七月迄の三ヵ月間という一種の短期流通手形で、期限後は直ちに流通を停止して決算を行った。

羽書額面は十斤・五十斤等各人の希望で分割し、それを一々台帳に登録して、各自の売買貸借に流通させたが、各人はそれぞれ手控帳に収授を記載して偽造を防止した。羽書の文面はおよそ次の通りであった（『奄美史談』）。

（番号）

羽　書

何方何村
何　之　誰

（割印）　余計糖何斤也（印）

干支何月

黍横目

何之誰（印）

藩が余計糖の代物として積下す諸品と砂糖との交換比率は、惣買入制の初めから定められていた。別表がその一例で、文政十三年九月四日付「砂糖惣御買入に付品直段(ねだん)之覚」とあり（『南島探検』）、この日付が喜界島代官肥後八之進が四十二ヵ条の申渡書を達した日であることは、この時同時に代品価格も達したということであろう。この中のものと天保六年大島代官肥後八右衛門の書いた「大島年中往来」中の天保二年分の諸品価格のいくつかと（『県史』）、大坂相場との比較を示すと別表の様になる。

道之島砂糖は大坂相場の四分の一で買上げ

単純に両者を比べると、道之島砂糖は大坂相場の四分の一から甚だしいものでは鰹節(かつおぶし)の様に九十分の一で交換されたことになる。

調所は以下の如く報告している。以前は定式糖以外は自由売買で、斤目の不同・品質の善悪に関係なく争って買入れ、その上巨額の抜砂糖が各地で売りさばかれていたので、大坂での販売価格は格別下落していた。そこで天保元年改革後自由売買を禁止し、島における砂糖製法から樽拵(たるごしら)えに至る迄の生産工程を手厚く行うよう申渡し、また代官・見聞役等の人柄を吟味して下島させた上、従来のやり方を改め特に抜荷を厳しく取締った。しかも三島はもちろん沖永良部・琉球及びその他の新製砂糖も、すべて大坂藩邸へ積登

諸品代糖表

品目	代糖（斤）
百田紙 一束	二五
半切紙 一束	二五
鬢付 一斤	一八
皮提道具 一	一八
大丸墨 一丁	九
絞木綿 一端	三八
漆 一〇匁	六
白地木綿 一端	上四五 下四〇
縞晒 一端	八〇
吸煙管 一本	上一八 中一五
小筆 一対	上五 下三
風呂敷 一枚	大二八 中一八
大豆二斗八升	一五〇
酒一沸（一升）	二五
油 一沸	二〇
煙草 一斤	上二五 中一八
一寸釘一〇〇本	四
二寸釘一〇〇本	六
傘 一本	一八
渋蛇ノ目 一本	六〇
黒傘 一本	二〇
鉄地金 一本	五
千草刃金 一斤	五
鍋 一丸	二〇〇
昆布 一斤	三
繰綿 一反織	二五
素麺 一〇〇匁	三
蠟燭 一斤	二〇
棧框 一間	二五
茶家 一ツ	五
米二斗八升	一四二
縮緬 一端	三六〇
茶 一斤	上二五 中二二
小斧 一刃	三〇
骨打庖丁 一刃	二五
合塩硝 一斤	二五
火縄 一曲	三
数ノ子 一斤	一〇
陶朱公墨 一丁	三〇〇
雨合羽 一	六〇
焼酎甑 一	二〇〇
鉛 一斤	二五
烟草庖丁 一刃	一五
床竹 一束	五
細工小刀 一刃	二五
鰹節 一斤	二〇
白晒 一反	八〇
葛粉 一斤	一五
七歩板 一間	五〇
尺違紙 一束	一三
証文米二斗八升	四二
唐竹 一本	四
餅米二斗八升	一五〇
烟草切台 一	三
摺鉢 一	六
塩 一升	三
四歩板 一間	二五

抜荷取締り
販売ルート一元化

島民の製糖負担加重

大坂相場との比較

品　　目	大坂相場（天保2年）	道之島諸品代糖（文政13年）	道之島諸品代糖（天保2年）
	斤	斤	斤
米１石	79	507	333
大豆１石	62.7	536	333
塩４斗	42	120	(1俵12)
酒１石	114.4	2,500	2,800
種子油１石	243.2	2,000	2,800
蠟燭１斤	2	20	20
白木綿１反	5.2	45	40
煎茶10貫目	37～39	(茶) 1,563	1,563
鰹節10貫目	13.6	1,250	1,000

『県史』２巻。大坂相場は松下志朗氏による。

すようにして販売ルートを一元化し、その上さらに樽風袋（ふうたい）・砂糖品質の向上に努めるよう度々申渡したところ、販売価格もだんだん上昇して、表Aの通りの利益になったというのである。

調所は常に大坂堺筋十一組問屋（藩が公認した仲買人）の評判を聞合せて三島方へ通知し、樽の造り方や用材迄常に改良させたが（樋口弘『日本糖業史』）、これにより島民の製糖負担は益々加重された。例えば樽作りでは用材不足で島民は大いに難儀した。『大島私考』にいう。

砂糖樽ハアサゴロ・クロ木・フク木・アンギ・白ツツ木・ススノキ・ソロメ木・カシヤ木・マル木等ノ木ヲ用イ、九月十月山ニ登リ伐（き）リ、束（たば）ツツ荷（にな）イ里ニ帰ルナリ、ソノ一束廻リオヨソ三尺余、長サ一尺五六寸ナリ、樽四挺（ちょう）分ニテソノ重キ事オヨソ八貫目、樽木ハ冬始メ取リテ枯ラサザレハ斤目重シ、又砂糖ヲ入レテ漏ル故甚ダ良カラス、笠利間切（かさりまぎり）山林ナク、樽木ニ隙（ひま）ヲ費（ついや）スコト多シ、他間切トテモ二十年以前ハ一二里ニシテ木ヲ得テソノ日帰リシモ、今ハ二三里行キテコレヲ得、ソノ日帰ルコト能ワス、民隙(たみ)ヲ費スコト昔ニ倍セリ、砂糖ハ多ク増シ山薄クナル故ナリ

と。

調所によると惣買入後の糖価高騰による利潤増加は十年間に銀五万九千四十貫という。

表A　黒糖の大坂販売価格(『手控』)

年次	黒糖1斤価銀	年次	黒糖1斤価銀
	匁 毛		匁 毛
天保元年	0,709,8360	文政2年	0,746,1730
2	0,882,6940	3	0,540,6695
3	1,102,6780	4	0,541,9380
4	1,781,0000	5	0,721,1118
5	1,092,2699	6	0,868,1482
6	0,971,5286	7	0,750,8435
7	1,027,7100	8	0,773,1118
8	1,371,4201	9	0,715,3877
9	1,500,1010	10	0,693,5500
10	1,313,8610	11	0,632,6646
		12	0,529,8705
10年間平均	1,175余	11年間平均	0,683廻

1億2000万斤代銀		
文政度	81,960貫	(金1,366,000両)
天保度	141,000貫	(金2,350,000両)
差額	59,040貫	(金984,000両)

さらに天保度の黒糖の平均価格を、同時期の大坂における平均米相場一斤に付き銀九分六厘三毛余と比較すると(米の項参照)、黒糖一斤は米一升二合余に当る。これを島元における買入糖代米(三合)に比すれば約四倍に当る。すなわち生産者価格対消費者価格の比は一対四となり、運賃その他の諸流通経費を考えても、藩

は買入糖によって、二十割以上の利潤をあげたことは確実といえよう。

惣買入前後の産糖額

惣買入前後における産糖額は大島の場合表Bの如くで、他の諸島中徳之島について改革末期の数年分（表C）を知ることができる。また嘉永二年（一八四九）春の砂糖出来高は大島

表B　大島における文化度以降産糖額

年　度	産　　額	年　度	産　　額
文化2年	斤 約7,110,000	文政12年	斤 7,812,269
3	約7,450,000	天保元年	7,652,239
4	約7,450,000	2	5,809,700
5	約7,800,000	3	約6,786,700
6	約6,380,000	4	約3,389,000
7	約7,240,000	5	約5,400,700
8	約5,490,000	6	約6,300,000
9	約6,834,270	7	5,250,215
10	約5,695,000	8	5,257,690 ※5,293,000
11	約6,598,700		
12	6,755,170	9	3,992,393
13	—	10	5,220,323 (5,220,311)
14	5,657,586	11	8,390,740 (8,388,009)
文政元年	4,223,408		
2	約7,600,000	12	8,460,574
3	5,800,000	13	5,822,271
4	7,015,959	14	7,813,692
5	約7,598,000	弘化元年	7,816,471
6	7,994,663	2	6,666,288
7	約8,571,000	3	5,341,016
8	約6,279,900	4	7,577,359
9	約5,427,500	嘉永元年	5,582,948
10	—	2	6,855,143
11	7,818,099	3	7,335,969

※印は『奄美史談』により他はすべて『大島代官記』による。同書に年により二様の数字を示すがその一方を（　）内に示した。

表C　徳之島の産糖額

年　度		産　額
天保14年	(イ)	――
	(ロ)	3,026,571 斤
弘化元年	(イ)	約3,137,000
	(ロ)	3,068,234
3	(イ)	1,842,432
	(ロ)	――
4	(イ)	――
	(ロ)	3,131,183

(イ)は『徳之島前録帳』、(ロ)は『砂糖惣買上方法』による。

約七百万斤、喜界島二百万斤、徳之島二百六十万斤、琉球約四百五十万斤とする数字もあり（『御産物御仕登金銀銭御蔵納高万控』）、その大勢を知ることができよう。大島でみると惣買入前後の産糖額は天保年間十一―十二年度を別として、格別産糖額が増加しているわけではない。他島でもほぼ同様と思われるが、大きな利潤をあげた理由は、専ら品質その他の取扱い向上に伴う糖価の上昇によるものである。

沖永良部島の製糖

調所の記した三島以外沖永良部の砂糖生産は文政二年に始まるが、同島における惣買入制の実施は嘉永六年であり（『沖永良部代官記系図』）、琉球糖については天保改革中に租米換糖を実施し、その額七十五万斤というが、琉球在番奉行勤高田尚五郎の建議によるもので、財政上の効果大であったという（『履歴概略』）。

新製砂糖

また調所のいう新製砂糖は道之島・琉球以外の垂水・桜島・指宿・頴娃・種子島等薩隅地方の産を指している。垂水では早く甘蔗を作ったらしく、文政八年水迫平五郎が大島から甘蔗苗を移し翌年数畝歩に増植したが好結果を得ず、その後研究を進めて同十年良質の黒糖を得て次第に糖業が普及した（『県農事調査沿革』）。

桐野太兵衛

また桐野太兵衛が文政十年大隅での製糖を免許され、翌年大島及び肥後天草等から甘蔗苗を購入して桜島・垂水に植え、同年末黒糖九十六斤半を製した。同年春から屋久島・種子島・桜島等に黍苗を仕立てるため、喜界島から苗を買入れて上納したというのは、桐野の事業と関連があると思われる（『喜界島代官記』）。

文政十二年桐野は日向・紀伊から甘蔗苗を購入して指宿（いぶすき）・頴娃（えい）地方に植付け、琉球糖に比類する良品を得た。

このように砂糖普及に努めた桐野は文政十一年新製砂糖総支配人を命ぜられ、甘蔗作付地の開拓・苗の買集め・作人への資金貸出し等に努め、その嫡子孫太郎も同じく総支配人を継いだ。こうして糖業者は天保四年ごろ約二百五十戸、同十年約七百戸であったが、弘化元年ごろには桜島・垂水・新城・花岡にわたって千四百四十戸に達した。ただ甘蔗作付地は米作不適地に限られた（『日本糖業史』）。

種子島の砂糖作り

私領種子島では文政八年初めて甘蔗苗を移植、同十年免許を受けて藩へ三分の一貢糖すると共に、島内に専売制度をしいた。大島に人を派遣して製糖法を伝習させ、毎戸三畝または五畝の甘蔗作を命じ、領主方より一村数ヵ所の製糖場を置き多くの役員をつけた。産糖はすべて大坂に送り作人には木綿を給した。天保元年にも大島から人を雇い島民に製糖法を伝習させたが、生産高に制限があり天保十年迄十五万斤、十五年三十万斤を許された。以後この制限が続くが、産額は多い時は六十万斤または百万斤という。恐らく調所以後のことであろう（同上、『南島偉功伝』）。

調所は上書「砂糖」の項後半で、

然るところ近年は、諸国和製砂糖殖え立ち、殊に昨年は国々別して豊作にて、旧冬より値段はたと下落つかまつり、当分に至りなおもって値下りの方にまかりなり、甚だ心痛まかりあり候儀に御座候

と記し、さらに総括の項の後半で糖価復旧の見込みはないと心から途方に暮れている。

和製砂糖は将軍吉宗が享保年間初めて甘蔗苗を駿河国に配布して試作させたのが起りといい、その後明和期遠江国でも甘蔗栽培が始まるが、産業としての砂糖製造が軌道に乗るのは文化・文政期以降という。駿遠地方の産糖額は明治初期のものから推して、駿河八十万斤、遠江六十万斤ほどだろうというが、その製品は相当優良だったという（『日本糖業史』）。

天保初年（四年ごろか）十二月二日付浜村孫兵衛宛書簡で、調所は駿遠地方の製糖がよく

石本静馬

できて、近年米四万石分だけ黒砂糖作りが行われている由で、そのため米が不足し当年は津止めになって砂糖積出しもできず、沢山の砂糖が駿遠地方に蓄えられていると聞く。みな江戸向けというから津止めが解禁にならないうちに、そちらの砂糖を江戸に回すことができるようにと祈っている、と申送っている。この時は何とか切り抜けたようであるが、天保十一―十二年の産糖が豊作の上、唐物貿易の面でも天保十年大きな転期を迎えたことで、調所の不安はつのったようである。天保十一年五月十八日付の石本勝之丞（六代平兵衛）宛薩藩長崎蔵屋敷御用頼石本静馬（五代平兵衛）の書状に、調所のことを次のように記している。

既に去冬より黒砂糖も半値通りに下落故持囲いに相成り、江戸御入用銀は借入れ仕送り相成り候よしにて、存外の難渋出来候ところ、又々当年の新砂糖この節より登り懸け一ケ二ケ年分も打ち重なり、かれこれ五十万両も行き違い候様子（黒田安雄「薩摩藩天保改革末期の給地高改正」『九州史学』第六一号、以下「給地高改正」と略称）

で、調所は大坂を動けずにいるとある。事実同年の薩摩糖は一斤に付銀七分となり、天保九年の半値以下となっていた。調所の上書はこういう経緯の上に書かれたものである。

海老原によると和製砂糖の広がりを抑制するために内々に幕府に運動し、豊後日田出身の農政学者大蔵永常の著わした製糖書の出版停止をはかったという（『履歴概略』）。幕府は天保五年、続いて天保十一年本田畑における甘蔗植付けの禁止を通達しているが、あるいは調所の働きかけの結果かもわからない（『日本糖業史』）。

大蔵永常の製糖書出版停止をはかる

また調所は大坂堺筋の砂糖屋達の計略を疑って内密に浜崎太平次に命じて多量の砂糖買占めを行わせたが、相場は上昇せず損失をうけたこともあり、さらに北国地方の市場に対して下関で内密に売却する計画をたて、五枚帆船三隻の琉球糖を売却したこともあったが、値上りはなかったという（『履歴概略』）。また現地における製糖法についても対策を講じ、天保十二年徳之島では樽面等をそろえる様申渡し、大規模の村には黍見廻一両人ずつ増員することにし、正月村々で二十九人の増員を達した（『前録帳』）。他方砂糖のつぎ穂となる産物の取立てを計画、藍作等に着手した（『手控』『履歴概略』）。

浜崎太平次

調所は上書の中で今後十年間（嘉永三年迄）の利潤見積りを別表の様に示し、今後十ヵ年に銀五万七千貫目の減収になるとした。

相当の減収になったことは事実であろうが、その後も砂糖が国産の第一であることに変りはなかった。『竪山利武公用控』によると、天保十五年以後の大坂仕登三島砂糖斤量及び代銀・潤益は別表の通りである。年間の平均売上金は十九万両余で調所の予想を上

改革後期でも砂糖は国産の第一

回り、年間平均利潤も売上代銀の八割近くの十五万両を越える。砂糖が依然調所財政の基本であったことに変りはなかった。

利潤比較

これ以前10ヵ年分 砂糖1億2000万斤	今後10ヵ年分 1億2000万斤
代銀14万1000貫目 (金235万両) 1斤に付1匁1分7厘5毛	代銀8万4000貫目 (金140万両) 1斤に付7分
差引減収　5万7000貫目	

大坂仕登三島砂糖潤益等

年代	斤量	代銀	潤益
	斤	貫　匁　厘	両
天保15年	14,121,809	14,730,958,82	193,688
弘化2年	9,186,439	9,362,575,44	123,154
同　3年	8,787,068	9,067,915,05	118,017
同　4年	13,565,099	13,183,819,88	177,414
嘉永元年	10,487,510	10,896,428,20	144,039
以上5ヵ年間平均	11,229,585	11,448,339,47 (金190,805両)	151,262
嘉永2年	11,287,780	10,871,639,07	145,853
同　3年	12,498,016	11,825,275,74	158,051

(『竪山利武公用控』より)

三　支出節減の努力

1　左近を国元に移す

江戸経費節減策の一として調所のとった方策が、重豪（しげひで）の子左近の鹿児島移居である。かつて新納時升（にいろときのり）は一隠居や諸公子の国元移居を極力主張、これで江戸経費を節減すれば現在の産物料で何とか財政のやりくりがつくと何度も提言したが、結局採用されなかった。

利口な調所はその必要は認めながらも事を急がず、時期を待っていた。そして天保四年重豪が死ぬと早速同年五月ごろには左近の国元移居を決定した。左近は将軍御台所茂姫や隠居島津斉宣（なりのぶ）、中津藩主奥平昌高らの弟で、かつて越前丸岡藩主有馬誉純（たかずみ）の養子となったが間もなく離縁し、それが重豪にはふびんだったのか、ずっと手元において生活してきた。例えば調所に財政改革を命ずる時、左近が重豪・斉興・斉彬（なりあきら）らと共に列席したことは前述の通りで、一面重豪への甘えも強い我がままな人物であった。それを調所は重豪死後数ヵ月でさっさと国元へ帰することをきめた。

もちろん左近が簡単に承諾しなかったため、その実現には調所も大分苦労した。五月十四日付浜村孫兵衛宛書簡にこう記す。

左近様御こと御国許へ御下りのこと、日外（四月十八日書簡）より申上げ置き候通りに御座候間、追々狂言を致し置き候ところ、ようやくながら当秋御下向と相成り申候

調所強引に国元移居を談判

とし、最初斉興・斉宣の使者として調所がこの件を左近に話したがなかなか承知せず、御台所や故重豪からいわれたことがあると証拠を出して拒否した。その時は退散したが時日をのばしてはどんな知恵がつくかわからぬと考えた調所は、覚悟をきめてまた出かけ、強引に談判、「三位様御在世中のこと今さら仰せ出され候とて、誰も御承知候者一人も御座無く候」と、太守様・御隠居様の命令に即答出来られぬとは甚だ心得違いだと意見して、ようやく承諾を得たという。それでも調所は心配で「いまだちと掛念成るハ彼のふき印（誰か不明）ニ御座候、この者いか様知恵ふるい候やも計り難く候に付き、御台所様御方ハちゃんとふせき方いたし置き候」と、あちこちに手を打ち違変にならぬ手だてを講じてようやく実現した。重豪の死に次ぐ左近の帰国で江戸経費は格段の減少をみたわけである。もちろんこの件は調所上書には記されていないが、左近その人は下国後間

もなく天保五年五月死去した。

2 藩債二百五十年賦償還

支出節減策の最大の目玉は重豪の命じた三ヵ条の第三古借証文取返しであるが、これにはいいしれぬ苦労をした。当時藩債総額は五百万両に達していた。これについ

文政6年の藩債と藩収支

（イ） 藩債内訳

	元金	利息	(利率)
江戸 拝借金4万両込み	両 300,000	両 35,470	% 11.82
京都	170,000	13,260	7.80
大坂	1,170,000	91,260	7.80
合計	1,640,000	139,990	8.53

（ロ） 利息内訳

年限をもって利払い断りの分	両 59,670
年々利払いの分	80,320
合計	139,990

（ハ） 収支内訳

収入	金	両 90,000
	現米	石 9,000
	合計	両 130,400
支出	江戸続料	両 90,000
	参勤料	10,000
	京坂諸払料	18,330
	利払	80,320
	合計	198,650
差引不足		68,250

て改革発足に当り、銀主に対し「追々とは御返済の廉相立つべき旨」を申入れた上で、一応利払いを断った（『手控』）。当時五百万両全部に利払いを行っていたわけではないらしい。文政六年八月重豪が老中水野忠成に、藩財政の困難を理由に当分御用金を申付けないでくれと願出た時、添付した三都藩債百六十四万両の一覧につき、さらに内訳を出せといわれて九月差出したものを表示すると別表の通りであるが、(ロ)にみる如く年限を定めて利払いを断っているものがある（『雑書』）。天保元年当時も事情は同じと思われる。

藩債利払いの旧慣

ただここで不思議なことは、文政六年百六十四万両余であった藩債が、数年後には五百万両になっていることである。五百万両という数字は、調所自身が『手控』に明記しているので架空のものではない。かつて筆者は文政元年九十万両の藩債を基準に、十年余りで五百万両に急増したとしたが（『島津重豪』）、今回文政六年百六十四万両余という史料のあることがわかり、旧説を多少修正する必要がでてきた。

藩債五百万両に

調所愛用のそろばん（尚古集成館蔵）

重豪は大坂で文化十年更始（徳政）を行ったが、その更始について新納時升は永々銀も廃止した、すなわち元金をも破棄したとする一方（『九郎談』）、十年次いで五年合計十五年間（文政十年迄となる）の利払い停止だとも記し（『東行録』）、元金の処置について不明確な点がある。しかし文政六年百六十四万両余の藩債が文政末五百万両に達したというのが事実とすれば、文化十年の更始は利払い停止だけとすべきであろう。その間銀主側の動きも推察されるので、当初元金破棄の意図があったのかもわからないが、結局元金は復活し、その旧債（文化四年段階で百二十六万両余）にその後の三都新債を加え、さらに国元藩債や滞った利息等々を加えて、文政末年五百万両に達したということであろう。そこで文政元年を基準に十年余で五・五倍増とした考えを、文化四年を基準に二十年余で四倍増と改めることにする。なお重豪の命じた古借証文とは、調所改革以前の「古銀主」の借用証文という意味であろう。

二百五十年賦償還法実施

そこで調所は浜村孫兵衛と策を練り、京都大坂では天保六年十一月、元金千両につき年々四両ずつの支払い、すなわち二百五十年賦償還法をとることを宣言した。それも元金だけの利息なしである。そして借用証文は藩で預り、銀主たちには借用金高を書いた通帳を渡して、翌天保七年から償還を開始した。次いで江戸でも一年おくれて天保八年から同様の方法を実施した。これで藩の年々の藩債償還額は合計二万両で足りることになり、文政六年でも利払いに八万両ぐらい必要であったものが大幅に減少し、薩藩としては非常に身軽になったわけである（『手控』『履歴概略』）。

銀主は大恐慌

それに引替え無利息二百五十年賦償還という借金踏倒しにも等しい打撃を受けた銀主たちは、大恐慌を来した。銀主の中には十六万両を筆頭に数万両の出金をしている者もおり（『手控』）、殊に「二百年来ノコトニテ多年ソノ利子ヲ渡シタルモアリ、マタ改革前ニ借リタ」ものもあったが、「新古多少ハイウニ及バス、皆事由情実千差万別」あるものを「法ヲ異ニスル能ワズトテ、一様ニ遠期ノ年賦ト定メ」（『履歴概略』）たことから、憤激した銀主たちの恨みの声が渦まき、その声は大坂町奉行の耳にも達した。

大坂東町奉行跡部良弼

浜村孫兵衛を追放

幕府老中水野忠邦の弟で天保七年四月堺町奉行から大坂東町奉行に転じた跡部良弼（よしすけ）は、これを捨ておけぬと考え、転任間もなく年賦償還法の発案者浜村孫兵衛が、江戸から帰坂したところを捕えて牢につなぎ、取調べののち大坂三郷払いとして泉州堺に追放した。こうしていわば教唆煽動（きょうさせんどう）の浜村は処罰されたが、肝心の実行行為者である薩藩や調所は何の処分も受けなかった。海老原は「三位様ノ余威ニテ浜村迄ニテ済ミタルナルベシ」（『履歴概略』）とするが、単なる重豪の余威だけではなく、藩として手抜かりなく幕府対策を行っている。すなわち天保七年四月十六日斉興は「祖父（重豪）このかた殊に御仁恵ありしを謝して」という名目で、幕府に金十万両を上納したのである（『続徳川実紀』）。時ならぬこの上納金こそは、すでに動き始めていた幕府手入れの封じ込め策であったと考えるべきであろう。浜村の堺追放というのも形式的な感を免れない。

金十万両を幕府に献金

しかしさすがの調所もその後、天保八年九年は出坂せず、斉興も参勤往復には伏見・西宮間を山崎街道経由で通り、大坂には立寄らなかった。しかし町奉行跡部が天保十年九月幕府大目付に転じて大坂を離れると（同上）、浜村も帰坂を許された。浜村留守中大坂藩邸では、銀主団の一人森本（近江屋）半左衛門がその代りを勤めた。

浜村孫兵衛を馬廻格に

罪を一身に背負った浜村に対し、薩藩は天保七年十月三日これまでの諸改革の功及び「御借財金ノ内差当リ捨テ置キ難キ向、コレマタ計略ヲモッテワズカズツノ年賦引結ビ候テ、御借状取返シ、至極ノ御都合」となった功を賞して、家格を馬廻格に進め、かつ二十人扶持を加えて百二十人扶持を与えた。この申渡しは九月一日鹿児島発で出府の途についた隠居斉宣の大坂滞在中のことといい、しかも浜村孫兵衛宛となっているものの、扶持加増の申渡しには「右親孫兵衛云々」とあることから、追放中の孫兵衛に代って同名の子が拝領したものであろう（『家記抄』）。馬廻を薩藩では小番といい、平士最上位の家格である。

薩藩の絶大の信任を自負してであろう、「浜村ハ兼ネテ怯弱ノ聞エアリシ故、白砂(洲)ニ出テハ定メテ恐怖シタルベシト思イシニ、少シモサル気色ナク泰然トシテ申シ立テタ」という。それにしても大坂中を敵に回すこの計略を、果して浜村がいい出したかどうかと海老原は疑いつつも、「何ニセヨ自ラ任シテ行イシハ商家ノ生レニハ奇異ト言ウベシ」とするのは、蓋し適評であろう(『履歴概略』)。

江戸金主強訴

しかしこの問題はこれで一件落着とはいかなかった。特に江戸の金主たちの不満は鎮まらず、年賦償還が三回行われた天保十年冬、金主総名代として小林勘平が出坂して強訴に及んだ。その言い分は「何卒年々御割り渡しの金高三ヵ年引寄せ相渡しくれ候様」すなわち三年分ずつ渡してくれ、いわば年賦期限を三分の一に縮めてくれというもので、もしそれができなければ「金山御前借をもって御願これ有り候ハ、相済(すむ)ことの由候に付き」これで渡してくれと迫った。金山を抵当に幕府から借金して渡せというのであろう。これには調所もびっくり仰天、もしこれが大坂銀主に聞こえでもしたら大変と、いろいろなだめて帰府させたという。しかし取上げられなければ駕籠(かご)訴でもやるといっているので、目下薩摩屋仁兵衛を担当に応待させているという(天保十一年上書)。したがって調所は時期を見はからい、預っている借用証文と渡してある通帳を「共に取返し消除」した上でなければ、大安心というわけにはいかないと考えた（同上、『手控』）。

しかし天保十年の冬砂糖価格が急落したことから、今こういう強硬手段に訴えたら金融の道が塞がって行詰るだろうと恐れて躊躇しているが、その後これを実行したかどうか不明である。調所の孫の笑左衛門は、調所が銀主たちの前で借用証文を焼いて啖呵を切ったらしい話をしているが（『史談会速記録』二八五輯）、果してどうか。升屋小右衛門への通帳では明治四年迄年々返済した記録があるので（原口虎雄『幕末の薩摩』）、通帳取返しを実施していないことは確かである。そうすると余程のことがない限り預っている借用証文をことさら焼いて、銀主たちをむやみに刺激する必要もなかったと考えられる。

国元借財の処理

次に国元借財の処理もすでに天保五年着手しているが、当時「大坂御用金掛十二人ノ者共、一人前百五十貫目位ツヽ、皆共差上げ切り願い出申候」（十二月二十九日浜村宛書簡）といい、しかもその借用証文と引換えに「身分品能く仰せ付けられ候ところ（御借状）追々差上げ切り願い出」る者が出て、天保十一年末には「最早古御借状残り少なく相成り候」という（『手控』）。

海老原もこのことを次のように表現している（『顚末書』）。

その頃小番・新番を望むもあり、士族を望むもあり、郷士・御小人を望むの類も余多ありしに、現金は不用なり、古御借状の類をもって昇級を願わんには、金額の多少によって望を得べしと示されしより、願人捜索を究め一時に多年の負債消却となりたり

と。前掲の家格別戸数一覧（三頁）の新番の数に参考欄と安政五年とで大きな差がみられたが、これは恐らく藩債処理に伴う家格引上げの結果を示すものであろう。

こうして藩債処理は国元、京坂、江戸の順で着手し、国元では身分と引換えに借用証文を取返し、京坂・江戸では二百五十年賦償還で処理したのである。

3 幕府上納金

幕府上納金三回三十五万両

重豪の命じた第二条の幕府上納金も、前述の天保七年四月と同九年四月の各十万両、及び弘化元年五月の十五万両の計三回、合計三十五万両を行った（ここでこの件を取上げるのは必ずしも適当でないが、前項との関連でここに続ける）。天保七年の上納金は前項の如く藩債二百五十年賦償還という暴挙についての幕府対策の意味合いが強く、九年のものは同年三月炎上した江戸城西丸、弘化元年の分も同年五月炎上した江戸城本丸の普請手伝金で（『続徳川実紀』『斉興公史料』『追録』上村文書）、その他の臨時経費もその都度賄ったのである（『履歴概

略』)。

ただ天保九年の上納金は六月・九月・十一月の三度に分納することにし、六月初納は大坂銀主の融資で済ませ、その後も見当ついたものの、その返済について五升重出米(かさみでまい)・出銀及び差上金を領民に命じて補うのが当然だとしながら、諸人困窮の折からこれを実施しないとする藩主達書の草案らしいものがあるが(上村文書)、結局は差上金を命じたらしい(『斉興公史料』)。

高山郷士らに差上金を命ず

天保九年四月七日上納金御用掛を命ぜられた家老猪飼央は翌八日自らも銀十貫目を上納しており(『猪飼央役職中文書』)、一般領民にも差上金を命じた。すなわち同年七月十二日肝属郡高山郷に作事奉行肥後八右衛門と金納方掛・勝手方掛見聞役重田彦右衛門が来て、郷士十二人・町人二人・農民一人に対し最高三百両、最低六十両の差上金を命じた。二百五十両を割当てられた守屋舎人(とねり)はじめ「皆々身分不相応の大金にて驚き入り」請書(うけしょ)提出の延期を申し出た(『守屋舎人日帳』)。藩のしきりの催促に請書は七月二十日に出したが、とても無理だと訴え続け、十月になるとまず五分の一の上納を命ぜられ、舎人は五十両を十一月から三月にかけ五回に分けて納めた。以後も藩の督促が続くが、高山郷では天保十二年三月、十二月迄の上納延期を申し出た。こうして明くる十三年一月十六日舎人は金十五両を添えて訴訟書を提出したが、これに対して二月二十五日かれらは遂に「金納御免仰せ付け」られた（同上）。五年越しのねばり勝ちである。

ところが二年後の弘化元年七月二十八日その時の金納メンバーが地頭仮屋に集められ、各自鹿児島の地頭所に出頭を命ぜられた（同上）。守屋舎人は代人を出しそれ以後この件について何ら記述していないので、その内容は不明であるが、時期からみて幕府上納金に関連するものと思われる。藩では五月調所に上納金御用掛を命ずると共に、上納金完了迄大坂勝ちで采配（さいはい）せよと命じており（上村文書）、琉球でも「江府御本丸を改作するにより、薩州に納金を命ず、本国薩州の命を奉じ賦銀米を加う」（『中山世譜附巻』、実際は免除）とある。そして調所自身五月銀十貫目上納を申出ると共に、二十四日上納方に手抜かりのないようにと国元用頼に申送っているので（上村文書）、藩内に上納金を命じたことは確かで、高山郷では前回に鑑み個別に地頭が直接申渡したものであろう。

海老原は改革開始以後このような金納・貸上げはなくなったといっているが（『履歴概略』）、必ずしもそうではなかったということである。それにしても前後九年間に幕府に三十五万両を上納し、備蓄金を合わせると少なくとも八十五万両に及ぶ。驚くべき数字でしかもこの弘化元年（一八四四）琉球外交問題も発生、藩政改革の前途は多難であった。

4　大井川渡川費の節減策等

大井川渡川は年々の藩主往来に一つの難題であり、川渡し人夫賃も馬鹿にならなかった。殊に川止め後の川明きの混雑は話にならず困っていたところ、島田宿本陣置塩藤四郎から拝借金の出願があり、利息を通常より下げてもらえれば、その差額を蓄えておいて御下国の時の人夫賃はそれで支払うと申出てきた。そこで千七百両を貸付け天保九年から未年（弘化四）迄十年分の利息を六百八十両ときめ、すでに当年迄三ヵ年分の利息は大坂藩邸に納め、天保十年の渡川から実行している。また対岸の金谷宿でも同様千両貸付け、天保十二年から来る戌年（嘉永三）迄十ヵ年の利息二百六十四両と定め、来る天保十三年の参府から無賃で渡川できることにした。確かに有利な方法である。

島田宿本陣置塩藤四郎

金谷宿

『手控』のこの条の張紙に、内実は内用方付足軽に拝借出願を示唆させたのだと記されている。そうはいっても願書が出ると藩吏に異論も出て、置塩藤四郎の人物を保証した海老原が同人を同道して出府、評議数日でようやく実現、その後契約通り実行されたのだという（『履歴概略』）。

神官僧侶の上京費用

次いで国元の神官僧侶が住職または加階昇進のため上京することが多いが、地理不案内の土地柄とて余計の費用がかかり、あるいは諸所の輪番または本山の法務等の上京で長期間滞在し、京都藩邸には神官僧侶のいない時はない状態で、その費用は拝借を願い出て結局藩庫賄いとなり莫大な額にのぼった。

そこで改革以来留守居や付役で手に及ばないところは原田才輔に命じて諸宗の習弊を探り、内用方で内密に本山等へ掛合って改正を行った。例えば聖護院宮の入峰並びに関東下向に、大崎郷飯隈山神官父子が供奉すべきところを免除してもらうなどをはじめ、従前に比べると長期滞在も不必要になり賄料も格別減少したという。こまごまとしたところに目を光らせ極力出費の減少をはかっている。

5　一向宗徒の大量検挙

調所自身は特に記していないが、天保六年一向宗徒の大量検挙を行った。薩藩ではキリスト教のみならず一向宗をも禁止し、宗門方を置いて取締りを厳重にしていた。しかしキリスト教はともかく一向宗徒を実際に根絶させることはできず、藩政時代を通じて秘密信者が各地に多数潜伏した。

一向宗禁制つづく

一向宗禁制の理由は明確でないが、要は戦国時代の一向一揆等にみられる一向宗徒の反封建的エネルギーを恐れたのが主要な原因と考えられる。しかし調所が一向宗徒に眼をつけたのは、専ら財政的見地からであった。事実本願寺が東西に分割されて以来、反封建的エネルギーを恐れる理由などなくなっており、その意味では禁制を永続させる根拠も薄弱になっていたはずである。ただ俗に豊臣秀吉の島津征伐に一向宗徒が便宜をはかったことが、島津氏の怒りをかったとする説が広く信じられていたようであり、そういう怨念からとすれば理由も立つが、ともかく明治九年迄禁制は解かれなかった。

講により信者連帯

当時一向宗徒は講の組織をつくり、信者連帯の力で秘密のうちに信仰を守った。講は村単位または数村数郷にわたるものもあったが、村の中の小集落の講間に番役という僧侶の代役がいて、日常の葬式法要等を勤め、その上に世話役、さらに講頭がおって講全体を取りしきり、それが本願寺(この場合西本願寺)と結びついていた。

調所、本願寺への法納金に着眼

この講を通じて本願寺に納められる法納金が調所の眼にとまったのである。当時本願寺も財政改革を進めていて、薩摩からも相当額の金銭上納が行われていたという。財政改革が緒につき、いかにして支出を節減し藩庫収入をふやすかに血眼になっていた調所にとって、こういう形で領内から金銭が流出することを許すことはできなかった。天保六年調所は大々的に信者の摘発を行った。藩内において横目を通じて探索に当るのはも

大々的な信者摘発に着手

ちろん、京都でも信者の探索を行った。

偽装信者による探索

嘉永元年山崎郷の十六日講総代と思われる者の口上書によると、家老「津処庄左衛門」が中村新助という役人を偽装信者に仕立てて長く京都に滞在させ、献上の金子高並びに人名を一々調べて報告したことから「先年の大変に及び候」という（『薩摩国諸記』）。

浜村孫兵衛信者宿帳を買取

また肥後天草の斎藤金永が翌二年薩摩冥加（みょうが）講の総代四人を上洛（らく）させる時の上申書の中に、役人たちの話として次のようなことを記している。薩藩の執政が大坂の出雲屋孫兵衛に頼んで、本願寺内に薩摩の国法違反の手掛りはないかと探してもらったがわからなかった。そこで諸講から上洛する人たちの宿泊する宿屋を調べその人たちの名前、献上銀の控え並びに仏具、家財等の買物の手控帳がみつかり、この一冊を金五十両で買取って執政家老に渡した。これを端緒に七十余講がことごとく露見したのだという。出雲屋を使った執政家老はもちろん調所である。

摘発本尊二千幅、過人十四万人

またこの斎藤金永が天保十四年細布講・二十五日講・二十六日講・冥加講惣代たちと連名で本願寺に出した上申書の中で、この春宗門座で記帳のうわさを聞いたところ、摘発された本尊二千幅、過人すなわち処分された者が十四万人いたと記す。その検挙規模の大きさと共に信者数の多さに驚かされる。また嘉永二年のものであるが、講の世話役人名をみると総計七十五人中苗字をもつ者三十一人、持たない者四十四人で、講のリーダーの四割が士分の者であったといえる（同上）。武士層にも深く一向宗が浸透していたことを教える。

牢内の惨状

天保十年（一八三九）も大検挙が行われたようで、この時かれらがつながれた牢内の様子を、『見聞記』天保十年の条に次のように記す。

> 一向宗一件大崩れ非常の大変也（中略）この一向宗のことを聞くに、数百人に及ぶ男女獄屋へ召し籠（こ）められ、その内には既に出産の臨月にせまり居り候者これ有りしに、獄屋へ行きて直ニ出産したるもあり、三歳迄を限りそれより上ハ母子引離し獄屋へ召し籠められ候由、よって幼子（おさなご）の獄屋に有りて泣きさけぶ者も多く在りと、また獄屋狭きによりて一畳を七八人のあてがいにて、立ち居るも甚だ難儀成るよし、それに熱病流行し日を追いて死ぬる者多くあるよし、そのため死者を眼前に置きてハ中々忍び難く、よって獄屋預（ごくやあずかり）の者にからくり、俵に入れて外に出し置くに、方々より犬共集り来りて俵（あせ）をうせる有様、この世の地獄とやいうべきか、目も当てられずという人ありしとなり、

また天保十四年前記斎藤金永らの上申書の中に、この時の信者取調べの状況を記すが、

厳しい取調べ

その一節に大要次のようにある。

去る未年（天保六年）御法難が起こり、国中残らず根葉を枯らし、厳重な糺明が行われ、誠にもって前代未聞のことであった。先ず宗門座に木馬を飾り、男子は割木の上にすわらせ、膝の上に五六十斤（三十数kg）の石を乗せ、左右から短い棒で打ちたたいて、遂には皮肉破れ血したたり、足の骨も砕けてしまった。女子はまっ裸にして木馬に乗せ、または陰門に太い縄をはさませ、二人で前後に引いて引倒し、棒でつくなどする責め苦にあった。（『薩摩国諸記』）

とある。

江戸表三家老評議長引く

この大量検挙の報告は異国船掛益満新十郎に持たせて江戸表に急報させたが、それをうけた猪飼央・市田美作・諏訪勘解由の三家老の評議が長引き、それが「御前御都合甚だもって宜しからず」となり、この三人は天保六年六月二十三日差控えを願い出てお構いなしとなった。これについて猪飼は「一向宗一件かつ差控えに付ても深き御内密之意味合これ有り候に付き、詳ニ認め置かず候こと」と記す（『猪飼央役職中文書』）。恐らくこの三家老は前代未聞のことに驚いて評議が長びいたのであろうが、猪飼があえて「認め置かず候」とするのは、この一件が藩主斉興の意志と深いかかわりがあるということであろう。

その目的が金銭の領外流出を取締ることであったとしても、取調べや獄中の取扱い等文字通り凄惨酷烈、この世の生地獄を思わせる。こういう苛酷な一向宗取締りが、農耕作業へのきびしい干渉と共に領民の大量逃散を招き、耕作者がいなくなって休地の出る状況をつくり出し、生産力の減退を来したことは後に見る通りである。

調所の妻も一向宗徒の嫌疑

しかもこういう厳しい取締りにかかわらず一向宗徒は減少せず、調所死去の直後嘉永二年(一八四九)二月吉井泰諭の島津斉彬あて書簡には、川辺(かわなべ)の一向宗が問題にされ、「御領国東西南北過半はこの宗はびこり申候様子ニ御座候」とした上、「また世上の説を密々承り申候ニ、第一笑が妻もこの宗を尊ミ極く内拝ミ申し候などとささやく者御座候由」と、調所の妻自身に一向宗徒の嫌疑がかかっていたという(『島津斉彬文書』)。また安政三年(一八五六)であるが、八月九日家老新納駿河(にいろするが)(久仰)の記すところによると、城下下町(しもまち)町人の間に「一向宗多人数露顕」手もつけられぬ状況という。その大勢を知ることができよう(『新納久仰雑譜』)。

6 厩・山林の改革

上納銀は馬預所管に

国元の厩(うまや)は案外経費のかかる所で、改革以来まず馬預の人選を慎重に行い、初め江田正蔵に命じた。従来厩関係の上納金はすべて藩庫へ納め、馬の飼料等小口支払い用代銀を厩蔵に渡し、そのほかはすべて藩庫支払いであったのを、上納銀をすべて馬預に引受けさせ、飼料代はもちろん馬預役料銀米そのほか役々中間(ちゅうげん)等に至る迄の支給分、また厩内修補料等すべて厩蔵納銀の内から支払わせるようにした。一種の独立採算制をとらせたわけである。

内用掛山奉行新設

山林関係でも諸木仕立方・藩用材の取下げ・諸人申請木の売払い等に従来からの習俗があって、十分手の届きかねるところがあったので、新たに内用掛山奉行を新設、定式のものは山奉行に取扱わせ、臨時のものは内用掛山奉行に取扱わせるようにした。多年藩の御用を勤める材木商酒匂五郎兵衛の意見によるという。

百人山師

以前は用材払下げは百人山師という者に請負わせていたが、そうすると見積り外の余計な材木まで伐採して、その経費も段々累積し支払いの差繰りがつきかねる状態であった。改革以後はこの請負を一切取やめ、内用掛山奉行が見分見積りの上、担当見聞役が付添って伐採に当るようにさせたので、余計な材木を伐らぬようになり、また伐採代銀も一仕切りずつ支払うように努めたところ、従来に比べ支払銀高も格別に減少、年間に見積ると相当の支出減少になった。

また造林についても定式外仕立方を趣法方用人にも掛を申渡しておいたところ、亡有川藤左衛門は格別精勤し、内用掛山奉行や郡奉行立会いのもと、城下近在近郷迄差障りのない地面、便利のよい場所に松杉を仕立てた。

しかし十年ばかりたつと調所の意にかなわぬ面がでてきた。ある時南都から吉野方面を巡回した時、吉野川諸所の材木運搬の様子をみて、材木は海か川に沿うて生育しなければ不便だとして、市来清十郎を別途の山奉行に任命して、海に面した姶良方面の出し場のよい所に数百万本を植えさせ、なお便利な良地を開いて増植する予定が、調所の死で中絶したという（『履歴概略』）。

さらに従来から商人たちが他国売出し用の炭山・椎皮山・雑木山・柞灰山等を願い出て、田地用水に差支えのない場所を免許していたが、近来各地の山々が思いの外伐り払われて手薄くなっているので、他国商売山は差止め、当分国内用だけ許可し山林仕立てに努めている。海老原によると、調所は自分は奥の出身で山のことなど知るものか、皆酒匂五郎兵衛から聞いたことだといっていたという（『履歴概略』）。

7　一手支配・肩取・富くじ停止

必ずしも藩庫支出の節減ということではなく、むしろその反対であるが、物価を下げ領民負担の軽減をはかろうとして次のような改革を行った。

一手支配・肩取禁止

従来藩財政難渋の折から、礼銀上納を条件に特定物品の一手売上げまたは、一手商売を免許するとか、商人の日々の売上高を調査して肩銀なる納付金を徴収するなどのことがあり、これを益筋願いといって藩庫収入の足しにしていた。遂には、その日暮しの振売商人からまで肩銀を取るようになり、それだけ物価も上昇して領民一般が困却していた。特に下層民の疲弊甚だしく、第一藩の風俗にもかかわることで、礼銀上納など減少はするが、改革後右の類は一切停止し、今日一手請けとか肩取というものはなくなった（『手控』）。

新納家に鮪鰹骨粕一手商売支配を免許

例えば時に小姓組番頭であった新納久仰は父内蔵退役（文政十年）の時、来る辰年（天保三）から五年間の鮪鰹骨粕一手商売支配を免許されていた。家来徳田直助名義で年々礼銀五枚ということであった。ところがいよいよ来年からという天保二年十二月「骨粕支配方の類御手網方御計らいに相成り」という理由で免許を取揚げられ、その代り五年間金三十両ずつ下付するということになった。その実小村猪之助外一名が御手網方に五百両上納したために、そちらに免許替えになったものである。ところが天保四年八月二十一日趣法方用人三原藤五郎から口達で、今度は「当分骨粕支配方御仕向相替り納り金とても御座無く候に付き」今後三十両は打ち切ると達せられた。新納は年々五十両もの利潤のあるものを、たった一回の三十両で打切られたのが諦められず、天保八年十二月三十両下付の件再考を上申し、九年十二月二十三日「別段の御取訳」をもって八十両下付された。一手売りが家格寄合級の上級武士の利権化していた例であるが、その停止は天保四年八月であったらしい（『新納久仰雑譜』）。

ただ調所が天保三年九月六日黒崎から大坂の浜村孫兵衛に出した書簡では、富興行・一手支配を停止し、それが肥後佐敷では大評判になっていると聞いて、調所も「扨々毎々早く触れ廻ルものと恐れ入」るとしている。調所は「去月十六日出立、今日筑前黒崎着」というから、停止は出発前の八月上旬ごろであったろうか。しかし調所自身は「一手支配・肩取の品々過半御取揚げ」と「過半」と記していることから、この時洩れていたものもあり得る。新納が天保四年八月通達されたということは、骨粕一手支配の停止が天保四年ということか、新納への下付金打切りだけがこの時なのか、いずれとも断言はできないが、一般に天保三年には停止したということであろう。

富くじ禁止

また上町（かみまち）原田十次郎の出願で大富・小富という富くじが許可され、その益金から千両ずつを二の丸続料として上納していた。これに対して愚昧（ぐまい）の下層民の中には利欲に迷い、朝夕の日用品まで売払って富掛けをし、困窮に苦しむ者が出現していることから、その禁止方吟味を申付けたところ、担当役人からは千両ずつの上納金を取揚げられては困るとの異議が出た。それに対し二の丸には内用方差分金の中から千両差出すことにして富くじは禁止した。

高山郷の富くじ

富くじは今日の宝くじに相当するもので、大富と小富の差は富札か当選者がもらう賞金の多少によるものであろう。薩藩では天明四年の『大石兵六夢物語』に「富・掛銭（かけぜに）」の語があり、当時も富くじが行われていたのかもわからない。天保年間では同二年肝属地方の高山郷で四月大富・小富が行われており、郷役人たちは田植えでいそがしい時期なのに、農民たちが大富・小富の見物に出かけて、田植えがおくれて困るとその見物を禁止しようと話合っている（『守屋舎人日帳』）。この場合見物とあって、農民がそれに夢中になって財を失う話にはなっていないが、間には調所の指摘するようなこともあったであ

人別一匁銀等免除

ろう。この富興行の禁止は前記調所書簡に記す如く天保三年（一八三二）八月と考えられる。

また藩では人頭税としての人別一匁銀、戸数税の竈銀（一戸一匁）や一分三厘銀（一分銀は寺社修補料）・五升重出米（出米は給地高一石に付き八升一合）等を賦課して領民困窮の一因になっていた。そのため一匁銀・竈銀をすべて免除、一分三厘銀は重みの三厘、五升重出米は二升を免除することにした。領内総人体・給地高や竈数にかける上納銀で、莫大な米銭（一万二三千両とも）になり藩財政にも大きな影響はあるとしつつも、改革後大坂表の資金繰りの目鼻がついたことから一切を免除した。その時期を海老原は天保四－五年かとするが、妥当なところであろう（『履歴概略』）。

四　諸蔵管理の改善

1　諸蔵の管理出納方法の改善

蔵入高と給地高

薩藩では高頭七十七万石の内藩庫収納分が三十余万石でこれを蔵入高と唱え、他の約四十万石は諸士知行高で給地高と称した。給地高の出米は高奉行の所管で出物蔵に、蔵入地の蔵入米は表方代官の管轄で米蔵に納めた。共に鹿児島にあり、さらに諸郷に数十の郷蔵（下代蔵(げだいぐら)）があった。鹿児島にはこのほかに金蔵・台所蔵・舂屋(つきや)蔵・新楮(こうぞ)蔵・作事方雑物蔵・納戸(なんど)蔵等があり、江戸には進物蔵・台所蔵・納戸蔵等あり、京都・大坂・長崎にもそれぞれその続米または販売用の仕登米等を収納する蔵があった（『履歴概略』等）。

下代蔵役の役得

この蔵米の出納管理に当る下代蔵役は収納の際の散落米を収得する旧慣があって、藩では家老座以下の諸座書役に、苦労銀の代りに心付として七年毎に蔵方役につかせ、出納の間に得る利をもって家計を補わせる風習があった。人によっては付属料をとってその権利を他人に譲る者、自らその利を収める者等種々であった。役得の一つとして例えば収納米を計るのに、一斗枡(ます)に山盛りにした米を斗掻(とが)きで手前に掻き落し、股間(こかん)に入った散落米を、このような不浄な米を殿様に差上げるのは失礼だと蔵役の手に収めたという（『出水の歴史と風土』）。海老原も若い時養家の経済が立ち行かなくなって困り果てた末、願い出てようやく二十二歳の時山川の蔵役となり、二十六歳迄の数年間で五百両を蓄え旧債等を償ったという。そのことから金払いのよい者との評判を得て、頼まぬのに金を貸す人が出、資金運転自在となり、遂に高二百石余を買入れたという（『顛末書』『海老原清煕君身上ニ関スル件』、以下『身上ニ関スル件』と略称）。

調所はこの蔵役の役得に付随する弊害に目をつけた。調所によると国元諸蔵の収納米は一俵三斗三升六合がきまりであるのに、下代蔵役の風俗がだんだん悪くなり、支払米の入実は年々減少して終に一俵二斗九升に迄なり、諸人別して迷惑している。しかもそれらの蔵々には欠損米が多くて、江戸・大坂や島々の続米の欠損は年々数百石に及び藩としても大きな損失である。

国元諸蔵の収納法改善

そこでまず国元諸蔵の収納法について、改革当初旧法により厳しく取締ったが、永年の悪習でもあり急速には改まらなかった。そこで毎年諸郷の郷蔵には別段見聞役を回勤させ、城下の蔵々には勝手方掛見聞役の担当をきめて取締らせたところ、天保六-七年ごろになって大方よくなり、現在ではますます行届いて、改革前に比べると別表のように改まり、一同あたかも扶持が加増されたも同然となった。蔵々の欠米(かけまい)・諸所続米の欠損米もなくなって至極の利益になっている。

(A) 米1俵容量比較

規定枡目	3斗3升6合
改革前入実	2斗9升
現在入実	3斗4升

(B) 扶持4石取実質収納米

改革前の枡目	3石4斗4升8合
現　　在	4石0斗8升

諸蔵の支払い法改善

また三都・長崎・国元・諸郷蔵々の支払い法についても、下代蔵役たちの悪企(だくら)みはなかなかやまなかった。その時々の取締法を吟味して新たな方法を講ずると、それに応じた企みを考え出して悪意は年々増長、厳科に処せられる者は後を絶たない状態であった。そこで改革以来種々の手段を講じ、まず諸部局から手形や引付を趣法方に出させ、その免許印を受けたうえ蔵に持って行って出納をさせる方法に改め、そのうえ諸蔵の出納に心得のある担当見聞役をそれぞれの蔵にきめておいて、綿密な取締りをさせたところ、一切旧来のような悪習はなくなった。これで藩としても米銀銭の大層な収得になり、姦智愚昧の違法者もいなくなった。ともかく監察体制の強化により効果をあげたことを知る。

買物方蔵の新設

そのほか国元に買物方蔵を新設した。これまで国元での諸物買入れは金蔵支払いであったが、種々混雑することもあったので、天保元年買物方蔵を新設した。諸部局から買入物の申出があった時は、すべて趣法方用人が見届けた上許可印を与え、値段・品質の吟味を尽して買入れることにし、代銀は買物方蔵支払いとして、出納については金方勤の掛も立会い、差引残余の銀銭と現物とを引合わせるようにして厳重に無駄のない工夫をしたという。

唐金製分銅

なお従来蔵々の計量が非常に不揃いで、藩の損失にもなることなので、大坂で唐金(からかね)製の分銅を十組作らせ、手元にあった秤(はかり)数十本を添えて国元に送り、諸蔵に入れつけるようにし、また米及び砂糖仕登方にも渡し三島へも送り、時々右の分銅で試し量りをさせて受渡しをするよう申渡した。江戸・大坂でもこの要領で続品を掛けて受取るようになり、計量の乱れが正された（『手控』）。

2　非常用備蓄米の準備

江戸続米は年九千八十石の規定で、うち二千五十石は現米を送るに及ばず国元で売却して代銀を送ること、その余の六千五百石（ただしこの三件の数字にはどれか誤りがある）は出水・川内・肝属三地域に割当てて大坂に送れば、大坂で借船を都合大坂や兵庫で積替えて江戸に送る方式であった。ところが先年来俵の入実も俵作りも不行届で、江戸の蔵に取納める時には大変な欠損米があり、諸人に給与する段になると僅か二斗八升ばかりの俵もあるという状態で、もちろん蔵米を皆払いする時には鼠切りの俵や小桝計りの欠損米が年々百石ほどにものぼった。

しかし最近は鹿児島での発送元の処置が行届き、大坂での積替法も手堅く改めた。まず俵毎に斤目を書いた札をつけて船頭に引渡し、江戸で取納めの節もこれに準じて処理させたところ非常に行届くようになり、諸人に給与される米もすべて入実がよくなって、皆たいへん有難がっている。また蔵の皆払いの時も欠損米は一切なくなり、小払いの節余り米があれば別に分けて蓄えておいたところ、それが三百俵にもなった。

京大坂の続米

従来江戸はもちろん京大坂の続米は年間分を見積って送っていて余石もなかったが、最近では余石半年分ほどにもなった。これはそのうち一ヵ年分にもなる見込である。それも年々新米を詰替えて貯蔵し、年々趣法掛側用人・物奉行・金方見聞役が立会って厳重に調べた上切封をする規定に改めた。

大坂囲米

大坂でも去る天保七年から四千石ほど、大坂留守居そのほかの諸役立会いの上切封で囲米（かこいまい）をすることにし、年々新米を詰替えて非常の備えとし、平常はどんな理由があっても決して蔵出しできないよう申渡してある。これは将来千石ふやして五千石の囲米にするつもりである。

内用方囲米

また国元では以前から異国方囲米が諸所の蔵に、真米（まごめ）赤米合計千九十二石七斗四升貯蔵されており、年々新米に詰替えることになっていた。それを天保六年から別途に内用方囲米を行うことにし、天保十一年迄に一万六千五百石になった。これは近く三万石にふやす予定で、将来は五万石備蓄しなくては領内数十万の人体でもあることから、かつての天保五年の諸国飢餓のような事態が発生したら行きわたりかねることにもなるので、年々差繰りをしてその増加をはかるつもりである。しかし領内は元来米不足の地であるので、今後田地手入れや耕作法等を行届かせるのはもちろん、新田開発の余地もあるのでそれらを追々吟味するつもりだと今後の課題を示した。

米賦三原藤五郎

この内用方囲米についてその後の経緯を海老原はこう記している。海老原は天保十四年（一八四三）十一月米賦（つもり）（米蔵の出納管理役）三原藤五郎が死去すると、その後任の趣法方用人米賦を命ぜられたのである。以前三原時代春ごろから家中扶持米の渡し方が滞って非常に困っていた。調所は足軽などに夏期に渡し方が滞っては、財政は整ったとはいえ自分の名にかかわると、海老原に命じてその理由を三原に尋ねさせた。三原の答えは元来蔵に納まる米は十二万石で、支払いは十五万石だから一時の滞りはやむを得ないというのであった。しかし海老原は調所に対し三原の話はおかしい。年々三万石も不足するのであれば、四年で十二万石にもなり皆無となるはずである。それを何とか心配しながら支払っているのはそれだけあるということだと話していた。

米賦海老原宗之丞

したがって海老原は米賦就任後、異国方囲米担当の表方代官・帖佐与（ちょうさぐみ）代官の掛書役（かきやく）四名と、出米担当の高奉行一名及び米賦書役二名を集めて、今後米蔵の管理を改正することを達し、年間見積りを立ててこれを決して動かさぬ決心で取扱うべしと定め、出納を厳重にしたところその年から事故なく全備し、翌年は二ヵ月分余ることになり、三年目には数万石の余石が出た。したがってこれを御内用囲米と名付け、九―十月ごろ売却することにしたので、籾囲ということを始め各郷に蔵を建てた。初め肥後八代の囲蔵を手本にし、また麻布米沢の籾蔵・南部の校倉等を参考にして建て、追々軍備の用に供しようと考えたという。すでに天保六年から内用方囲米はあったというのに多少奇異の感があるが、後に異国方囲米の余石をも内用方囲米と称したということであろうか（『履歴概略』）。

五　諸役・役場の整備

改革の歩を進めるに当って調所は左右に人材を抜擢配置したが、それも改革の中枢部局となった趣法方から多く登用した。趣法方は文化十年（一八一三）重豪が帰国の際新たに設けた部局である。従来藩の財政については勝手方家老一人が総裁し、その下に吟味役が数名おって処理していた。それを勝手方家老はそのままとして吟味役を廃し、側役並に副役がいて惣督し、諸局の協議を経て可否を決し家老に上達する定めとなり、その下に

趣法方経験者を抜擢登用

書役数名がいた。趣法方である。ここでは勝手向きに関する出納をすべてつかさどったので、その勤務者は非常に財政出納のことに明るかった。調所は改革に当りまずこの趣法方経験者を抜擢して重要ポストにつけた。その筆頭は三原藤五郎で、三原を趣法方主任とし国元の庶務をすべて三原にゆだね、また趣法方事務に練達した高崎金之進を側近においた。のち海老原は出坂後まずこの高崎への随行を命ぜられたという。さらに猿渡彦左衛門も一時金方に任じのち江戸用人に、重田郷左衛門は一時金方で中村源助も金方で江戸に勤務した。そのほか蒲生郷右衛門を挙げてのちに大坂金方を兼ねさせ、丸田泰蔵は大坂・長崎に、田中仲次郎は江戸作事奉行、岩元市十郎はのちに江戸用人、岸良長兵衛も江戸物奉行という具合である（『履歴概略』）。

新納四郎右衛門

調所は人材登用に当り「人柄吟味」を尽して配置した。まず江戸は三藩邸に男女の支族が多数おり、老練の人でなければ処理できないので、新納四郎右衛門にゆだねて主任とした。三島砂糖のことは宮之原源之丞が主宰、唐物方は坂元権之丞その他器に応じて任せたが、これを三原藤五郎が総括した。三原は「性質至ツテ慎密ニシテ、事務ニ練達シ細大残スコトナシ、上ノ意ヲ奉承シテ勉強シ多年ノ間始終一ノ如シ」といわれたが（同上）、三原が天保十四年十一月死去するとその後任に海老原清熙をすえた。これらを表示したものが（別表）上村文書中にあるが、恐らく海老原の作表であろう（大坂の部は『草稿』により作成）。

表（一）

側役
後ニ家老 碇山将曹
大目付 二階堂志津馬
吉利仲

三島方
宮之原源之丞
肥後八右エ門
外ニ数名

唐物方
阿多六郎
坂元権之丞
東郷源左エ門
原田直助
外ニ数名

勧農方
海老原宗之丞
種子島加司右エ門
坂本休左エ門

鯨牛馬骨方
海老原宗之丞
黒岩藤右エ門

三位重豪

宰相斉興

調所広郷

岩下新太夫

友野市助

三原藤五郎

森川利右ヱ門

海老原宗之丞

種子島加司右ヱ門

坂本休左ヱ門

金方

初猿渡彦左ヱ門

后美代藤助

厩方

初江田正蔵

后田中四郎兵衛

神社方

末川近江

随従

家老方書記

初大迫源七

后染川喜三左ヱ門

改革方

軍役方

海老原宗之丞

得能彦左ヱ門

軍賦役六人

練兵所

係組頭六人

成田正右ヱ門

但 髙﨑金之進
天保十年ヨリ在坂
海老原宗之丞

大小銃鑄製所
田原直助
外ニ数名
滝ノ上火薬製造所
火薬蔵
織屋
川畑清右ェ門
西京織師雇下シ
養蚕方
木綿織屋
重久佐次右ェ門
曽木川浚
海老原宗之丞
甲突川浚
右同人

表(二)

江戸

- 調所笑左衛門
  - 新納四郎右ヱ門
  - 平田直之進
    - 物奉行
      - 岸良長兵衛
      - 橋口杢左ヱ門
      - 岩元市十郎
      - 猿渡彦左ヱ門
    - 金方
      - 重田郷左ヱ門
      - 中村源助
    - 作事奉行
      - 田中仲次郎

京都

- 調所笑左衛門
  - 近衛殿裏
    - 名越彦太夫
    - 伊集院太郎右ヱ門
    - 初 小森新蔵
    - 赤井直之進
    - 赤井清次
  - 留守居
    - 后 山田一郎左ヱ門
    - 副役
    - 金方
      - 税所竜右ヱ門
  - 伏見
    - 田尻次兵衛

大坂　調所笑左衛門　留守居　小森新蔵
　　　　　　　　　　后田中善右衛門　金方　有川勘助
　　　　　　　　　　　　　　　　　　宮里八兵衛
　　　　　　　　　　　　　　　后蒲生郷右衛門

長崎　調所笑左衛門　奥四郎
　　　　　　　　　　大迫藤兵衛

責任分担制

このようにそれぞれの部局に責任者を定めて一種の責任分担制をしいた。別項記述の如く郡奉行も各人数郷を割当てて分担させ、受持諸郷の農民を指導監督させると共に、金穀出納管理の不正を防止するために見聞役を任命、監察体制を強化した。また三島方や内用掛山奉行をはじめ、国産の改良増産の必要に応じて担当部局を新設した。その上各部局それぞれに一種の独立採算制をとらせた。海老原は「局々ニ資金ヲ供シテ永遠ヲ保ツ」(『履歴概略』)と表現しているが、三島方では初め藩庫よりの資金で三島方御用船の建造資金貸付制度をとり、唐物方でも琉球に関する商人の資金貸付を行うのは三島方同様であった。厩方は牛馬税で諸費を弁じ、薬園方も国産の薬物を大坂に積登せて厩同様に処理させた。寺社方は年々納まる一分銀を修繕費用とし、新造は別途扱いで、宗門方も納りの金をもって諸費を賄わせた。織局・木綿織屋・牛馬鯨骨方（骨粕方）・藍玉方等も初め新設の折資金を供して、その局々で厳正に処理させた（同上）。このように人と組織及びその維持運用の面で新しい体制を確立して、改革を推進していったことが改革成功の一因となったと考えられる。

六　運送船の建造

改革基本の第一とされる砂糖にしても、それに劣らず大きな容積を占める米にしても、問題はその輸送であった。南に七島灘の嶮をかかえる南西航路はもちろん、東に日向灘、西すれば玄海灘をひかえて、その安全迅速な輸送体制の確立のためには、船舶の確保が最大の課題であった。こうして改革当初からこの問題の解決に手が打たれた。

1　日州御用船

日州仕登米輸送

まず第一に大坂に最も近い日向地域の仕登米輸送の改善をはかった。日州仕登米輸送は従来他領船を借上げて行ったが、船主たちが横着になって積載を断ったり、見聞役を借入れに派遣すると過当の運賃を要求したりして、結局積出しが延引して大坂表の金繰りが不都合になるという結果を招いていた。

日向四ヵ郷

そこで文政十二年大坂から帰国の折調所自身日向に回る予定であったが、平野屋安輔（彦兵衛か）を同道したことから小倉筋を通らざるを得なくなり、それが不可能になった。そのため代りに趣法方書役兼徒目付を日向に派遣、藩費に余裕がないため藩費なしでの造船を申付けた。しかし日向四ヵ郷（去川(さるかわ)関外の倉岡・綾(あや)・穆佐(むかさ)・高岡の四郷か）の町人は格別疲弊しており、赤江川口（宮崎港）迄五里（二十キロ）も隔っていて、容易に自力造船はできないと断った。それを再三趣旨を説明して説得の結果、ようやく十六反帆二隻、高岡町は同四隻計六隻の建造ができた。

以来仕登米運送二回ずつを終えた後は、江戸御用材木積船または山川へ回船して菜種子積船あるいは砂糖積替え等を勤め、大変有効に活用されている。運賃余勢銀は別途積立てて船の補修費または造替え用に備えてある。また赤江川口の延岡領一部を借地して「御船御囲場」を造り、掛見聞役一人、付足軽一人を詰めさせ、日州御用船の出入差引きや山産物の取締りを兼ねさせている。

2　三島方御用船

造船資金の貸付

文政十二―三年以前は大島通いの船は特に難破船が多くて浦船も大分減少し、大坂への仕送り御用も差支えるようになり、新たに造船を申渡しても船主共に資本が少なく簡単に造船できかねていた。そこで改革方内用金のうちから三島方に資金を下げ渡し、確実な船主を吟味の上例えば千両の予算の場合七百両か五百両の拝借を申付けて新造させ、返済方法は大島上下一回りでいくらずつときめて、五―六年目には皆納するように仕向け、すべて三島下りを申付けたところ、追々船主の中にも出願者が出て来て新造船も多くなり、これを三島方御用船という名目で三島方掛に支配させるようにした。時に難破船も出たが、その時は折返し本手金を拝借させて新造させたため、現在この御用船は十余隻になり、それもすべて十八反帆で島上下も早くなり、時には秋口の大坂仕登積船を勤めるものもでてきた。

これについて調所は天保六年閏七月十日浜村孫兵衛にこう申送っていた。「ただ今にては船造立の願余多（あまた）にて困り入り候ぐらいに御座候、これまでは何様才足（さいそく）いたし候ても皆断勝（ことわりがち）の処（ところ）（中略）皆これもって御蔭にて候」と。浜村の資金提供が役立っているという

御用船は十八反帆

意味らしいが、天保十一年当時十余隻という程度の御用船で事足りるわけではなかった。

調所は三島砂糖の平均年産額を千二百万斤と記し、御用船は十八反帆としているが、その後安政三年十八反帆の徳之島御用船金山丸は十五万三千百三斤・千二百二十五挺（ちょう）（一挺約百二十五斤）を積んでいる（『竪山利武公用控』）。天保十年の大島について年産額五百二十二万三百二十三斤、入樽四万九百六十三挺とあって（『大島代官記』）、樽一挺に砂糖百二十七斤余を詰めたことになり、千二百万斤では約九万五千挺となる。これを十八反帆の船で運ぶと八十隻近くが必要で、しかも当時は秋に島に下り翌春上るのが普通で一年一往復であった。したがって依然多くの浦船が利用されたことに変りはない。

嘉永3年琉人立御用物積船一覧

居所	氏名	船名	帆の反数	積載石数
指宿	浜崎太平次	恵久丸	23反帆	石 1,650
同	同人	稲荷丸	同	1,800
下町(城下)	長崎直次郎	大福丸	20	1,350
柏原	田辺泰造	順通丸	16	900
同	甚兵衛	松恵丸	16	850
同	権次郎	観音丸	16	850
阿久根	源兵衛	貞福丸	23	1,650
山川	河野覚兵衛	奥行丸	23	1,700

『阿久根市誌』。

さらに阿久根の船主河南家七代源兵衛根心の『旅日記』には、嘉永四年二十三反帆の持船貞福丸で琉球砂糖を三千三百丁（挺）、僚船友徳丸は三千二百丁を積んだとあり、また翌五年も大島から二十三反帆持船幸福丸が三十五万斤、他の僚船も三十五万斤、三十三万斤を積んだとある。これでいくと千二百万斤は約三十五隻で足りることになる。ただしこれはすべて二十三反帆という前提で、最少これくらいの船がいるということになる（『阿久根市誌』）。

三島方御用船造船資金の貸付には確実な船主を吟味したというが、調所にしても海老原にしても船主名は記していない。しかし嘉永三年の「琉人立」の折御用物積船を勤めた八隻の船主と船の大きさをみると別表の通りである（同上）。調所死後二年目のことであるが、これらの船主たちが調所時代の藩内大船主の主要人物で、御用船造りを行ったことと考えられる。浜崎太平次については砂糖値下りの折砂糖買占めを行わせて値上りをはかったことは前述したが、後述の如く上見部（うわみ）下り廃止の時肥後米七千石を買入れて山川に保管させたこともあり、調所と密接な関係にあった。浜崎以下の船主たちが御用船造船、砂糖や米の積船その他密貿易等に関係したことは間違いあるまい。

3　御仕登米積船

従来大坂仕登米の運送は浦船を用いていたが、大坂上下のうえ島々へ下すと時節遅れになるので、過半は代船として長州・防州（山口県）・阿淡（あわ）（徳島県）辺の借船を使用していた。しかしこれらの船頭水主(かこ)は至って不心得者共で、大坂届荷の俵面など疑わしいものがあっても、他領者のため思い切った処置もできなかった。一方近来国産品の大坂での評判もよくなっているのに、このような不都合な状態のままではまた人気も崩れることを恐れ、藩費をもって運送船建造を行うことにした。

重富で四隻造船

すなわちかねて内用方出入りの者に支配を申付け、天保十年(一八三九)冬重富で内用掛山奉行、三島方掛が付添って四隻を建造した。うち富吉丸と富徳丸は米積船として鹿児島・大坂間三往復、船足も速く、富福丸は米一度積みの後三島へ下し、富長丸は天保十一年正月の進水ですぐ大島へ下し、富福丸と二隻で砂糖を積登り、その運賃の砂糖で本手金を補う方法をとった。他船の積荷より俵面などが特別良好なことが、他船の取締り証拠になったという。量はともかくこの証拠能力に大きな意義があったものであろう。

七　諸営繕・土木工事の実施

調所は国産の改良をはかり藩債整理の対策を講じて、藩財政の確立を進める一方で、これまで休止状態にあった三都・長崎・国元等の営繕を行い、道路改修・橋梁架設・河川疎通・新田開発等の土木工事を進めた。もちろんこれに拍車がかかるのは天保七―八年にかけて三都藩債の年賦償還法を実施した以後であるが、すでに同二年「高輪御別荘切り込み」が行われ、「磯御家作」も行う予定で、来年は鹿児島城内花園に内用方土蔵を造るつもりと上書している。また五年には玉里御茶屋が完成、これは斉興がたいへん自慢しているという（十月十六日浜村宛書簡）。大坂藩邸・京都錦邸等でも同四年から六年にかけ造作が行われている（四年四月十八日、五年十二月二十一日、六年閏七月十日浜村宛書簡）。このように改革着手直後から営繕事業が始まっているが、天保十年ごろから本格化、その際作事奉行を精選して特に心を用い、また「御手元計（はからい）」と名付けて大工や石工等は藩の営繕係に任せず、別途に人を選び規則を改正して「其（その）才品に任じ易簡便利に」はからった（『家記抄』）。

玉里御茶屋

三都の営繕工事

天保十二年閏正月の調所の上書（『手控』）に三都における営繕工事の主要なものを列挙している。それによると江戸で芝・高輪・桜田・田町・大井・西向・南向等の各藩邸、芝大円寺・谷中（やなか）瑞林寺・上野明王院・芝増上寺宿坊その他の関係寺院の作事、玉川水道樋管改造等約六十九件、京都大坂では、京都・大坂・伏見の各藩邸・諸蔵、相国寺・東福寺・宇治黄檗山・高野山蓮金院等の作事、特に京坂では惣瓦葺（ぶ）きへの葺き替え工事が多く、すべておよそ三十九件に及んでいる。

西目筋地頭仮屋修理

玉里別邸

それについてたいへんな支払金額に及んだが、改革以来材木その他の諸資材の仕入れ方法は、従来の慣例にとらわれず作事奉行が各地に出向いて、精微な吟味を尽し直接購入した。したがって予算額より格安の経費で工事を進め、相当の利益になったといっている。この上書には国元工事は含まれていないが、ただ西目筋地頭仮屋（かりや）（鹿児島居住の地頭の仮の居館、郷役所を兼ねた）の修理を行ったと記す。薩藩では大隅方面を東目、薩摩側を西目というが、西目筋すなわち出水街道の仮屋が雨もりなど多くて破損しているので、天保七年お手元御内用計らいで修理を始めた。板屋根はすべて瓦にふき替え、野田から伊集院迄の仮屋は十一年春迄にすべて修理が終った。また西目筋の道路に難所が多く、この普請も申渡して追いおい行届き、今後も油断なく取扱わせるようにした。

これを含めた国元営繕工事については海老原や宮之原源之丞の記述があり、特に宮之原は調所死去の翌嘉永二年閏四月迄の工事を列挙し、その所要経費をも記している（『御産物御仕登金銀銭御蔵納高万控』）。

これらを総合すると長崎では附人役宅・長屋・蔵等の作事を行い、国元では城内二の丸をはじめ磯・玉里・花倉（けくら）の各邸・造士館・医学院・天文館その他の営繕、それに道路・橋梁・河川・新田開発等の土木工事を行った。宮之原の記述はほぼ嘉永元年を中心にした約六十件で、その総経費はおよそ十四万五千両に及んでいる。

営繕費用二百万両

海老原はある時調所と三都はじめ長崎国元等の改革以来の新築修繕工事の費用を概算したことがあるが、何と二百万両にも及んだ。年々の必要経費のほか備蓄金のこともあり、国産収入と考え合わせて、これだけの金がどこから出たのだろうかと、驚いたことがあるという（『家記抄』）。

これはあくまで概算で、しかもある時期までに金を蓄えて工事を始めたのではないが、宮之原の記録等と考え合わせて、総計二百万両に及んだというのは必ずしも誇張の言ではあるまい。それにしても驚異的なことである。

八　改革の成果と展望

調所を仇敵視

以上各事業について個別に報告した後、調所はこれまでの改革の動きを次のように総括した。当初国元三都において各部門の全面的改革を行ったので、急に産業を離れて失職した者あるいは年来の希望を失いまたは大損をした者も少なくなく、国中の非難が自分に集中した。また三都銀主も格別難渋し内心自分を仇敵と考えている者もいた。したがって初め諸役々も改革の進行を危ぶみ、いずれ中途で挫折するであろうと協力をためらっていたが、だんだん藩の改革の決意が表明され調所の役職も進められるにつれて自然と人情も安定、役々一統も職務に精勤するようになった。特に改革担当の役々はもちろん、見聞役・書役等まで抜群の精勤を行い、特に有用の人物は格別の抜擢を行ったことで、それぞれ受持の御用筋を特段に精勤する風俗となった。こうして改革もほぼ六—七分成功し、その後大変な入価もあったがとにかく都合をつけ、殊に近年は常式・臨時の続料も滞りなく用立て、諸支払についての支障もなくなった。その上修理等も行届き差

改革成功六—七分

当り不自由はなくなった、と改革初めの目標であった大坂新借を起こさず産物料で諸支出を賄うという、収支均衡を保った健全財政の確立を達成したと自信のほどを示したが、改革も六－七分と抑制したのは、五十万両備蓄の件が未完成であることを考慮したものであろう。それにしても多年にわたる藩財政の窮状を、僅々十年余りでこれほどまでに安定させた手腕は驚異的というべきであろう。

しかし調所は不安であった。続けていう。最近では財政困窮時の状況を知る者も少なくなり、皆財政は立直ったと考えているが、近ごろ物価は上昇し支出も増加している上、一昨天保九年から国産第一の砂糖価格が下落、復旧も見込み少なく心痛している。それは当時他国が甘蔗作の利益を知って、四国・中国・肥後・肥前並びに紀州・泉州または駿遠参等あるいは関東にまで増植されるようになって、現在和製砂糖の生産が相当量にのぼっているからで、正にこれは一大脅威であるとする。

これについては前述の天保十一年五月十八日付の石本勝之丞宛の石本静馬書状で一層具体的に知り得た。

しかもこの前年天保十年迄で唐物商法も停止されてその収益も失い、調所は大坂に足止めをくって出府できないでいるというのが、天保十一年前半の状況であった。

当時改革以来の努力で国産品の仕登せ販売手続き等も改善され、大坂産物料高も増額したので相応の備蓄金もできるはずであったが、連年の入費続きの上両度の上納金等莫大の金額に及んで、未だ財政安定の段階に至らない。それなのに改革も緩み糖価も下落し、このまま放置すれば近い中に改革以前の難渋に倍増する時節が到来することは必定と、危機感を深めていた。したがってこの際さらに倹約を申付けて改革を厳しく達し、産物料を基本に各部局節約を加えて大坂表新借に至らないよう取扱い、国元でもより以上の産物仕登せができるように努めて、改革中に財政収支が立直りその効果が現れるようにと仰せ渡されたいと切願したのである。

前途への危機感

ただこの上書では調所自身唐物貿易およびその収益には何らふれていない。事柄の性質上上書に明記することをはばかったのか、海老原のいう如く差引すれば大した収益にならなかったからか、いずれとも明言できないが、石本静馬は前記書状で二―三ヵ年の唐物商品の累積が十二―三万両もあるとする。この中から果して純益がどれだけ上るのかわからないが、唐物貿易の停止が調所改革を狂わせる一因であったことも間違いあるまい。調所としてはこれまでの改革路線の補完を推進すると共に、何らかの新生面を切り開いて改革の成果をあげることが必要であった。

以下それを後期改革として概観することにする。

第六　後期改革

調所改革は天保十一年（一八四〇）で終らずさらにその死まで八年間続く。その後期改革を整理すると㈠前期改革の補完事業、㈡農政改革、㈢琉球外交問題の処理、㈣軍制改革と給地高改正に集約されよう。以下これについて概観し、最後に㈤唐物貿易の拡大策を加えることにする。

一　補完事業

1　五十万両備蓄

重豪に命ぜられた三ヵ条の第一、五十万両備蓄は、定められた期限迄に達成できず、調所にとって後期改革の最大の課題となった。重豪下命の第二、金納・非常手当金備蓄

当初は備蓄金順調

と共に、調所は初め五十万両備蓄も簡単にできそうな気配をみせた。天保二年の上書で「当年御積金は五万両江戸へ」送るつもりだとか、「当年も十万両余御積り金の算面に御座候」といい、米や砂糖の収入増で来年は五万両はおろか、「無理に御積金を相備え候わば十万両は出来申すべきやと相考え申候」とし、今年は金が余って心配するほどで、誠に珍しい心配だと景気のよいことをいっている。

またその翌年閏十一月浜村に、積金三万両が届いたので江戸西向藩邸の蔵に格護したと報じている。天保四年四月には十二万両を江戸から国元へ発送しているが(浜村宛書簡)、金の動きが普通と逆の江戸から国元へとなっていることは注目に値する。

恐らく以上は重豪の命じた備蓄金と関係するものと思われるが、その後五十万両備蓄は殊のほか難航した。例えば備蓄期限である天保十一年の上書では、一昨年は三十万両ぐらい、昨年は約二十八万両も支出超過の上、旧冬から急に砂糖が下落して今後どうなるかと「当惑候コトニ御座候」と悲鳴をあげている。事実この前年天保十年から後述の如く唐物商法が禁止されて収入の道を閉ざされており、その前天保七年、同九年の二度にわたる幕府上納金もあって積立金に手が回り兼ねた。こうしてそれは改革の第二次延長期の当初弘化元年(一八四四)にようやく実現した。

弘化元年一月二十九日大口筋から出府の途についた調所は、途中帖佐・栗野の蔵や工事を見分の上（『鎌田正純日記』『安田助左衛門日記』、以下『鎌田日記』『安田日記』と略称）、二月六日鹿児島をたった斉興に、三月三日大坂で届出た。すなわち

一小判金五十万両也

右ハ御改革仰セ付ケラレ、御産物直増シ等取扱イ、年々御常（定）式御臨時御入用ハ相備エ、ソノ外別段金百万両極ク御内々御積金相備エ候様、シカシ先ズコノ涯五十万両、浜村孫兵衛申シ談ジ、御積金取計ライ候様仰セ付ケラレ、御請書差上ゲ置キ申シ候ニ付キ、年々御常式御臨時外、別段御金差分ケ置キ候トコロ、コノ度五十万両全備ツカマツリ、御国元並ビニ当所両御宝蔵へ御格護ツカマツリ置キ候間、コノ段御届ケ申上ゲ候、以上（『履歴』）

というのである。初め重豪は五十万両としたのに、斉興はその後百万両に倍加し、差当り五十万両備蓄せよと命じていたらしい。恐らく改革続行を命じた天保四年三月であろう。

そこで「江戸・京都平常ノ経費ハ、坂地ヨリ定額期日ヲ違エス送金シテ、臨時ノ経費ハソノ際幾許ヲ送金シ、鹿児島ノ用途ハソレゾレ租税ヨリ支弁シテ、三島琉球ヲ初メソ

ノ支局へ資金ヲ備エ置ク、本局へ予備ノ金ヲ貯(たくわ)エ宝蔵ト号シ、国家一大難事ニアラサレハ開封スル事ヲ得ザルタメニ、斉興ノ朱印ヲモツテ封ジタリ」(同上)と。この時の大坂貯蔵分でともかく五十万両を確保したというのである。

大坂の分はその後国元に移送したが(『家記抄』)、これは「国家の一大難事」すなわち薩藩が「西海ノ大藩、琉球ヲ兼領シ」ているため、「外寇防禦ノ備エニ供」するためであった(『海老原清熙履歴概略』)。

百万両備蓄を目ざす

果してその八日後の三月十一日フランスの艦船が琉球に来航、開国を要求するという琉球外交問題が発生し、同三年イギリスも布教の要求をしてきた。斉興が同年引続き来年から三ヵ年間の改革を命じた時、調所は係の面々に、是非この年限中に百万両に達するようにと命じたというが(同上)、調所がその二年目に死去したので、果してどれだけの目標を達成したかはつまびらかでない。

調所の死後十年目のことであるが、家老新納駿河(するが)(久仰)によると、安政五年(一八五八)十一月八日二の丸御宝蔵へ「御格護金頭高五十万両ノ内、七万五千両ハコノ内海防御手当旁(かたがた)ニテ一往差出サレ、当分(現在)四十二万五千両ト大判金百枚御格護」という(『新納久仰雑譜』)。この五十万両が恐らく調所の備蓄金に相当するものと思われるが、そうすると斉彬時代も海防手当に使用しただけで、斉彬死後なお四十二万五千両は残っていたことになる。また安政五年十月隠居斉興は、よんどころない高利の江戸借銀等の穴埋めとして、御手元金六万両を差出している(同上)。花々しい斉彬の事業は調所改革で基礎の固まった国産収入を主軸に、不足分を借入金で賄い、それも死後調所備蓄金で処理されたことを示している。

2 曽木川等河川改修工事

菱刈七ヵ郷の農民は宮之城蔵迄の六里の輸送途中、天堂ヶ尾(大口市曽木)の嶮路等があって貢租輸送に極めて苦しんでいた。大口西原八幡宮宮司堀之内良眼坊等がこの輸納の労苦を除くため、川内川上流の曽木川を疎通して舟運を開くことを計画した。この間には鶴田郷神子村轟瀬等があって従来ほとんど舟運を通じなかったのである。良眼坊らの計画に菱刈七ヵ郷受持郡奉行町田俊智も賛同、これを調所が採用して天保十二年海老原に担当を命じた。そして翌十三年正月着手し十四年四月完成、曽木滝以下の下流に舟運の便を開き、同所「下の木場」に米蔵を造って従来嶮路を駄馬で運んでいた労を除いた(『履歴概略』等)。

堀之内良眼坊

肝属半島横断水路の計画

このほか小林川の水路を拡張して土地の物産櫓木の運送を便利にし、また肝属半島横断水路を計画した。この横断水路は志布志湾に面した高山郷波見から鹿児島湾岸鹿屋郷高須迄の間に水路を開くというもので、海老原に命じて調査させたが「後害甚ダ測リガタカリシ故」中止した。また踊川（新川上流）をさらえて水天渕（隼人町）に通船することを計画、これは海老原が固辞して安田助左衛門に命じたが、これも実現しなかった。しかし肝属水路など雄大な構想である（『履歴概略』）。

甲突川

また城下鹿児島の甲突川の川さらえを行うと共に、その他の河川を含めて橋梁の石橋架設工事を行った。甲突川は川底が高く川幅の広狭もあって、洪水の時は毎年左岸柿本寺馬場から加治屋町・新屋敷の武家屋敷街や塩屋村一帯に浸水し大騒動になるのが常で、これを解消するため調所は川幅の拡幅や川ざらえを行い、その上木橋を堅牢な石橋に造りかえる等の甲突川改修工事を行った。この計画は既に天保九年には浮上し十一月二十一日小姓組番頭兼用人新納久仰以下十七人が「甲突川筋双方屋敷掛並びに川面畦反御竿打分け方に付き御用掛」を命ぜられ、十二月十三日から二十日迄の間に測量作業を行い絵図面を作成して提出した（『新納久仰雑譜』）。本来川筋であった地面に土砂がたまって干寄地となっている所を屋敷地に取込んでいる家などがあったため、両岸の屋敷地及び川幅

岩永三五郎
阿蘇鉄矢

西　田　橋

の測量を行い川幅修正工事の準備を行ったのである。この工事は翌十年には行われたと思われるが、屋敷を狭められる家から不平が続出して工事はなかなかはかどらず、そのため東郷弥十郎と東郷佐七郎が弓剱の師範で士族青年層に人望があったのを利用、この両人を川浚掛（かわざらえ）に命じ、それ以来順調に運んだ（『履歴概略』）。大坂安治川にならって、この時の川砂を右岸河口に堆積してできた埋立地が今日の天保山である。

調所はこれに次いで天保十一年肥後の石工岩永三五郎を雇入れて海老原の下につけ、大工頭阿蘇鉄矢を助役として甲突川をはじめ諸河川の石橋架設工事のほか、新田開発等に当らせた。甲突川に架けた玉江・新上・

西田・高麗・武の五橋は中でも有名で、その中弘化三年参勤通路に架けた西田橋には七千両余の工事費をかけ、他の四橋が多くて二千八百両ぐらいであるのをみると、延長約五十メートルの西田橋にかける調所の期待の大きさがうかがえる(『御産物御仕登金銀銭御蔵納高万控』)。

五石橋

さらに真幸(まさき)地方の農民のために栗野に蔵を建て遠路の労を救った。鹿児島へ直納の米については運賃・問屋宿料を軽減させ、近在より各郷への道路を修理して人馬の便をはかり、あるいはすべて収納の際農民の迷惑となり暇を費すことのないよう種々の方策を達し、輸納負担の軽減をはかって御高格護のため門割農村の維持に努めた(『県史』『元治元年万留』)。

3 新田開発

国分小村新田

国産品の主力である米の増産についての一つの有力な方法は耕作面積の拡張で、調所は今後の課題として新田開発を上書していたが、調所の手がけた最大の開発は国分小村新田である。弘化二年斉興が菱刈・日向地方を巡見した際、これに随従した調所が国分郷の鵜木(うのき)政右衛門の所に宿泊している時、小村に新田を開発する適地があると聞き、翌日海老原や阿蘇鉄矢らと視察しておよその広さを見当つけたことに始まる。六月藩費をもって開発に着手するが、海老原を担当とし折から石橋架橋工事中の岩永三五郎が専任で工事を進めた。この地は安永の桜島爆発の時高潮により損壊した場所で、古田畠普請と共に潮止めの護岸石垣を築いたのである。その延長約四キロ、潮止め工事は二度失敗し三度目弘化三年九月に完成した。時に出府中の海老原は同年秋迄に完成せよとの命を受けて急ぎ帰国、ようやく秋末に完成して翌春から耕作させたが、海老原に同道した安田助左衛門が破れた海面土手を調べたところ砂を使ってあり、これを粘土に変えて補修したという。海老原もこの工事には「大イニ心痛セシコトナリ」とする（『履歴概略』『久仰雑譜』『安田日記』『県史』）。その後さらに新川尻から松永用水を引いて新田を開発、嘉永四年三月にほぼ完成するのであるが、嘉永二年段階における小村新田開発工事費は二万八千八百両にのぼり、諸営繕工事費中最も巨額のものである（『御産物御仕登金銀銭御蔵納高万控』）。

松永用水

弘化年間の開発面積は定かでないが、その後の全地積は、潮廻溝筋・潮止口入江を除いて九十七町余で、そのうち嘉永四年当時田地五十七町三反余・畠地四町八反余・藺田（湿田）十九町三反余計八十一町三反を開発したという（『元治元年万留』）。

出水庄村塩田

このほか天保十四年出水郷庄村塩田及び同所今釜新田の開発に着手し、これも嘉永二年迄の経費は小村新田に次ぐ八千五百両余に及んでいる。また用水・排水路等の工事として弘化四年菱刈田中村浜河井手普請、翌五年同じ田中村に川内川支流より水路を開いて用水があったものを修築した。延宝貞享年間に川内川下流左岸に開かれた高江新田に、嘉永元年四月八間川という延長一里一町（約四・一キロ）川幅八間（約十五メートル）の排水路を掘削翌年十二月竣工したが、技術面は岩永三五郎が担当した（『県史』）。

4　離散農民の引戻し

調所は新田開発を行うと共に二十余名の郡奉行に命じて離散逃散農民の引戻しをはからせ、休地の解消・耕作農民の増加に努めた。特に一向宗禁制に厳しすぎた藩吏を更迭して引戻しをはからせたというが、前期改革中に自らまいた種子を今刈取っているようなものである（『履歴概略』『草稿』）。

高鍋領福島地方

郡奉行安田助左衛門は弘化二年七月日向飫肥領並に高鍋領（飛地）福島地方に逃散農民引戻しに行き、小姓組岩切英助・高岡郷横目今井元右衛門に倉岡郷の町人一人を添えて極秘に潜入探索させた。その結果藩境の福島（宮崎県串間市）等に約千人ほどいることがわかり「追々引戻し相成り候」という（『安田日記』）。

河添甚之丞

高鍋藩、離散者引戻しを拒む

しかしこの引戻しはそれほど簡単にはいかなかったらしい。翌弘化三年閏五月藩から高鍋藩への引戻し交渉を命ぜられた郡奉行平田真之丞は、出水郷士河添甚之丞に前年安田が潜入させた一人高岡郷横目今井元右衛門および伊集院孫八郎を付けて高鍋に派遣、離散者引戻しの件を交渉させた。その時福島辺になお五-六百人いたというから、安田のいう千人ほどからすれば半分ぐらいしか引戻していないことになる。河添らは高鍋藩重役と交渉するが、高鍋藩のいい分ではこの上引戻されては田地荒廃のもとにもなる。養子または縁組みをしている者もいるので人別帳に載せている者はそのままにしておいてくれという。あるいはそれ以前郡奉行平田真之丞が、弘化二年以来の離散者だけ返してもらえば、それ以前の者はそのままでよいといい、それで話は一切済んでいるはずだともいう。平田に問合わせると、もうほかに一人もいないというから福島代官田村極人の要請に応じて事済みの書面を与えたのだとして、両者のいい分はくい違う。結局河添はこの際百五十人ほど返してもらえばあとは内々に済ませるからという書面を渡したところ、これが高鍋藩主秋月氏の元まで上申され、事が表向きになると恐れた河添はその書面の返還を求め、以後はその返還交渉に力が注がれ、肝心の離散者引戻しの件はなかなか進展しない。河添甚之丞の「弘化三年六月　離散者応酬備忘録」(『出水郷土誌資料』第二十一輯）はここで終っている。

西郷隆盛

これに関連あると思われることが西郷隆盛の安政三年の上書にこう記されている。近来離散者で他領に居ついた者が幾千人もおり、「十年計り跡にも五百人ほど無理に御引戻し相成り、牛馬農具迄成し下され候得共、居止り候者相少く悉く逃れ去り候儀に御座候」（『西郷隆盛全集』）と。この五百人は弘化年間の福島辺の離散者を指すと思われ、かれらはまた離散したという。それについて西郷は他領では荒野を開けば作り得（どく）をさせて上納もかけぬという。もし逃散者が来なければ荒地のままのものが、田畑が開かれるだけでもその国の潤いになるとの考えだから定住するのだとする。高鍋藩の意向をよく扱み取っており、所詮苛酷な農政がこういう多数の逃散者を生むとしている。藩が引戻しに努力したことは事実であるが、高鍋藩の離散者歓迎の様子も歴然で、引戻しも簡単にはいかなかったようである。

5　農作業の督励

地方検者

後期に入り農作業の指導督励はさらに一段と微に入り細をうがった。地方（じかた）検者を各郷に派遣し、郷士年寄・組頭・横目・郡見廻（こおりみまわり）・各村庄屋・名主等に命じて、干渉に等しい農作業の指導を行った。田地耕作の場合でみると、まず稲刈りの後稲株をすき起し、寒中に水をひたし牛で耕し春になってまた耕す。五月前には畦(あぜ)を繕い、その後苗を植えて六―七月に草取を行う。また肥料はほとんど刈敷(かしき)で、苗に骨粉をもみ付けたものもある。害虫の予防には鯨油を準備しておき、農閑期には田地堤防の修理等残る所なく地方検者から指揮した。しかも郡奉行(こおりぶぎょう)に命じて地方検者の勤怠を報告させ、不徹底な場合には交替させるとした（『履歴概略』『元治元年万留』）。

一方藩吏や村役等の回村時の饗応接待等を厳しく禁じた上夫役を減じ、骨粕方の一局をたてて骨粉肥料の増大利用に努めた。前述の新納久仰の話にある如く骨粉利用は早くから行われ、特に菜種子作りでは有効であったらしいが、調所は一段とそれを拡大しようとした。海老原が内密の用で指宿に行った時、黒岩藤右衛門から薩藩領内における牛馬鯨骨等の有効なことを聞かされた。それを受けて調所は新たに骨粕方をたてて牛馬鯨(くじら)鰹(かつお)等の骨粉の移入をはかるべく、一切を黒岩に委任し一部資金を供与した。

骨粕方では以来近江彦根、大坂をはじめ東海道・北国・中国・四国・対馬・壱岐・九州各地から各種骨粉を回漕し、志布志・内之浦・知覧・加世田・川内・出水等にその倉庫を置いて、原価で各郷に配給した。その結果菜種子一品でも十五―六万石から二十万石

重久佐次右衛門

に及び、陸稲・水稲の培養にも大いに益したという（『履歴概略』『元治元年万留』）。

また重久佐次右衛門に命じて下町に木綿織屋を建て、衆人に紡績の法を示し養蚕の法を設けて、京都西陣の織師、また近江から女性指導者を招いて指導に当らせた。藍の製法については阿淡・大坂から教師を雇い入れ、蠟の品位向上のため安芸国から蠟師を招き、枦栽培の指導者を筑後松崎から招いた。また肥前大村で荒蕪地に適する楮苗（こうぞなえ）のあることを聞き、出水郷士伊東伝五左衛門に命じて栽培させた。この件に関しては前期総括の上書にすでに調所が記していることで、前期に着手していたものである。また野尻・小林（宮崎県）の櫓木を桑原次郎左衛門に支配させて、志摩国鳥羽辺へ売却させ、石炭探索のために筑後三池から山師を雇い入れ出水その他で試掘させる等、工芸作物・地下資源の開発・増産に力を尽した（『履歴概略』）。

6　島津支家の財政立直し

薩藩では藩主島津氏の支家（分家）が多く私領主として門閥を形成していたが、これらの支家の多くが当時所帯方困窮にあえいでいた。藩屏として一朝有事の際にはそれぞれ重要な任務を負わねばならない家々を、このまま放置できないと考えた調所は、これら支家の財政の立直しに着手した。

花岡家

海老原清熙の進言をいれて花岡家から始めたが、当時同家は書院の雨は漏り軒は落ち、納戸蔵は道路から見すかせるほどに壁土が落ちて「見苦シ共言ウ計リナカリシ」状態であった(『履歴概略』)。そこで海老原の下に新納熊五郎を主任として改革に当らせたが、思いの外早く効果が現われて一年間で家計の運用ができるようになった。

新納熊五郎

それを聞きつけてであろう、今和泉(いまいずみ)家島津忠剛は同家の財政立直しを依頼してきた。忠剛は直接海老原を呼んで、わが家の所帯困窮は世の常ではない、雨天には廊下を傘(かさ)をさして歩き、小さな子供を浜屋敷にやるのに駕籠(かご)に二人も乗せてやる次第で、他は察してくれ、この上は「御兄様(斉興)ノ御蔭ナラテハ致シ方ナシ」(同上)と、調所への伝言を手をついて頼む始末であった。こうして今和泉家も海老原・新納の手で改革に着手、その年から菜種子・蠟が従前と比較にならぬ高値で売れて、年末には一千両の剰余金も生じた。以来屋敷の修繕その他万事すべて整備されていった。当時たまたま鶴江崎に鋳製所を建造する計画があり、土地狭小のため海老原から今和泉家浜屋敷内の借地を願い出たところ、どれだけでも差支なしと借地を許されたという。そうするとこの建造は弘化三年のことであるから、これら財政整理の着手は天保末年・弘化初年のこととなろう。

今和泉家

またその後今和泉を通る道路改修の折も、忠剛は調所・海老原の計画を援助したという（『履歴概略』『草稿』『身上ニ関スル件』）。

この改革はすでに天保六―七年浜村を招いて実施の計画であったが、浜村入牢でその時は実現しなかったものである（天保六年四月二十日、同閏七月十日浜村宛書簡）。続いて重富（しげとみ）・種子島・垂水諸家の財政を整理して皆二―三年間に効を奏し、さらに宮之城家・加治木家に及んだ。なお寄合等の貧困者も多かったので、家格相応の軍備手当てのできない面々は家格を下げると厳命して一変したという。折しも琉球外交問題に対応する軍制改革を進めている段階で、この財政立直しはその一環でもあったといえる（『履歴概略』）。

二　農政改革

1　上見部下りの廃止

国産品の増産方策を進める調所にとっての大きな課題は藩庫の増収であったが、それについて生産農民と藩庫との間に横たわる阻害要因を除去する必要を認めた調所は、ここに農政改革に着手した。これは前項の補完作業の一環ともいえるがここで別に取上げることにする。これについて海老原は次のような話を伝えている。

税所普門院

ある年調所に従って滞京中、大坂へ下って上京の折、かねて懇意の学才ある税所普門院という山伏が、川舟の中でこういった。今や調所君の功労で財政は成功といえるが、領内各郷の農政は甚だ不行届であり、弟の税所源左衛門など常に各郷を巡回して聞くとで、心ある人は農政の改革を期待しているというのである。これを調所に話すと、自分は財政の命を受けてこの老年迄江戸・国元かけて骨折っている。百姓扱いのことはほかの家老がやるだろう、そんなに何もかもできるものかといっていた。その後天保十二年冬海老原が曽木川疎通を命ぜられて、初めて羽月や大口に行き大田村・里村を巡回した時、良田の中に大きな茅藪(かややぶ)があり、あれは何かと尋ね、作人がいなくての休耕地と知り、初めて普門院の話を思い出した。壮丁は身売り奉公をしたり離散したり、あるいは一向宗禁制の厳しさに逃散したりしての作人の減少と知って、藩境のこの地での現状は藩の体面にもかかわると考えた海老原が、このことを江戸の調所に報告したことが農政改革の発端という(『履歴概略』)。

大口地方の休耕地

人口減少

作人減少の一因として一向宗禁制が指摘されていることは、前述の如き苛酷な大量検挙の影響がもろに現われているもので、特に藩境地域では他領への逃散が多かったであろう。調所改革直前の文政九年（一八二六）と二十六年後の嘉永五年（一八五二）の薩藩総人口を比較すると、A表の如く三％減少し、地域別でみると城下鹿児島と奄美諸島以外は軒並み減少している（B表）。減少率は地域階層別にみて浦人・百姓が高率で、百姓の場合大隅が最も高く、薩摩・日向の順になっている（C表）。大隅は全階層にわたっての減少が目をひく。前述の如くその間逃散者の連れ戻し策などが行われたが、逃散は人口減少の大きな理由であろうし、それに一向宗禁制策が関連していることも否定できないであろう。

A表　総人口比

文政9年	865,141人
嘉永5年	838,551
差	−26,590（3％）

B表　文政9年に対する嘉永5年の人口増減

地域	増減数	百分比
鹿児島	+4,562人	6.3％
薩摩	−15,952	4.8
大隅	−12,843	7.6
日向	−1,919	2.5
琉球	−7,887	5.6
大島	+1,339	3.6
喜界島	+1,523	16.3
徳之島	+3,625	19.7
沖永良部島 与論島	+973	7.1

海老原の報告を受けて驚いた調所は、海老原に大口の休地面積、百姓の戸数・壮丁数等を調査して報告せよと命じ、天保十三年江戸から帰国の途中海老原と共に川内から東

C表　地域階層別人口と百分比

	鹿児島	薩摩国	大隅国	日向国	合　計
武　士	18,171人 (16,794) +1,377 (8.1%)	81,138人 (81,095) +43 (0.05%)	45,232人 (46,941) −1,709 (3.6%)	26,153人 (27,317) −1,164 (4.2%)	170,694人 (172,147) −1,453 (0.8%)
百　姓	14,281 (14,285) −4 (0%)	176,278 (191,038) −14,760 (7.7%)	82,706 (92,170) −9,464 (10.2%)	33,989 (36,234) −2,245 (6.1%)	307,254 (333,727) −26,473 (7.9%)
町　人	4,169 (5,094) −925 (18.1%)	3,568 (3,419) +149 (4.3%)	3,493 (3,602) −109 (3.0%)	3,243 (2,993) +250 (8.3%)	14,473 (15,108) −635 (4.2%)
浦　人	66 (88) −22 (25.0%)	36,802 (37,688) −886 (2.3%)	11,359 (12,420) −1,061 (8.5%)	1,360 (1,484) −124 (8.3%)	45,987 (51,680) −5,693 (11.0%)
諸士家来 足軽寺社 門前等	39,922 (35,774) +4,148 (11.5%)	13,717 (14,380) −663 (4.6%)	11,239 (11,932) −693 (5.8%)	8,131 (7,547) +584 (7.7%)	73,009 (69,633) +3,376 (4.8%)

数字欄：最上段は嘉永５年，２段目（　）内は文政９年の人口，３段目は文政９年に対する増減数，最下段はその百分比。史料は３表共『薩藩政要録』『樺山本要用集』。

郷・宮之城・鶴田・曽木・羽月・大口・本城・栗野・吉松・吉田・馬関田（まんがだ）・加久藤（かくとう）・飯野・小林等の裏々の郷を巡視して、つぶさに実情を見聞、途中鶴田とどろの瀬、羽月下の木場の米蔵予定地等曽木川疎通工事の進行状況をも見分した。また加治木洲の崎蔵で枡（ます）の入実を検査するなどして八月十日ごろ鹿児島に着き、農政改革の第一弾として上見（うわみ）部下（ぶさが）りの廃止を通達した（『履歴概略』『県史』）。

上見部下り廃止

上見部下りは不作の場合収穫高の上見（見積り）をして貢租の歩合（租率）を下げる検見（けみ）法のことで、その廃止は豊凶にかかわらず租率を一定にする定免制を採用するということである。これで藩庫の収入は安定する。天保十三年初め出府した海老原は、江戸で調所から今度帰国途中大口方面を巡見することと共に、上見部下りを廃止すると聞いて驚いている（『鹿児島県史』に海老原の上申によるとあるのは誤解）。特に大口方面巡見が七月のことで、今年から廃止するという調所に、海老原はすでに上見の心得で作っていることだから、世にいう「教エザル民ヲ殺スト言ウニ似タリ」として、来年から廃止されたいというと、調所は薩摩の癖で来年からなどといっているとそのうちにくずれ、千に千は行われなくなるとして、自らの進退をかけて強行する固い決意をみせたという。この廃止には郡奉行はもとより家老の中にも異論があった。三原藤五郎は初め川内から大口方面巡見に随従を命ぜられた時病気と称して断ったが、調所はそれを上見部下り廃止に同調しない意からと解している。海老原も三原が恐らくどんな異変が生ずるかもしれないと考えたものと推測している。そしてこの三原の態度がかえって調所の決意を固めさせたのだという（『履歴概略』）。

こうして天保十三年八月上見部下りの廃止が強行されたが、その秋の租米納入についで海老原は非常に心配し「初冬ヨリ明年二月比迄ハ実ニ寝食ヲ安クセサルホドナリシ」という（『同上』）。調所は上見廃止の上は租米全納になる迄農民が牛馬住家を売り、あるいは雇傭に出るなどしても決してゆるめず最後まで遂行するよう決意していた。ただ飢饉の備えが必要だとして、ひそかに浜崎太平次に命じて肥後から米七千石を買入れさせ山川に囲っておいた。そして上見に馴れている諸郷や不熟の郷に注意して全納を督促したため、一村残らず全納させることができた。山川に置いた七千石は少しも使用せず、後に二階堂行健らが琉球警備に渡る時、船の下荷として渡した（『履歴概略』）。上見廃止以来租米五－六千石増加したという。

浜崎太平次

2　収納枡目の改正

薩藩では直轄地の蔵入地では貢租米一俵は三斗入り、給地では二斗俵が基準であった。計量には一斗枡（ます）を用いているが、京枡での容量は一斗一升七合三勺（しゃく）となり、実質一俵三斗五升二合となる。しかも大坂では仕登米の枡試しをする時は、一斗枡三杯に二升四合を加える定めで、計三斗七升六合約三斗八升となる。すなわち三斗俵の実際は三斗八升というのが旧慣であった。ところがだんだんそれが増加して天保年間一俵四斗一―二升ほどになっていた。

改正枡目

現行（3のり）
　3斗2升×1.3＝4斗1升6合
改正（2のり）
　3斗2升×1.2＝3斗8升4合
給地
　米2斗→2斗4升
（基準は3斗2升となっている）

三斗俵の入実三斗八升

天保十三年（一八四二）夏の大口方面巡回の折、海老原は調所にこの収納枡目を旧規通りに改正すべきであると提言した。そして加治木に来た時洲（須）の崎蔵において、関係郷の横目と枡取を呼出し、昨秋の取納め通りに正直に計れと命じて計らせたところ、三杯で四斗一升三合もあった。この現実を実見した調所は不法ではあるが二乗（のり）（二割増し）迄は蔵入・給地共に旧法のように考えるとして別表のように定め、天保十四年七月布告した（黒田「給地高改正」）。すなわち四斗二升近くが三斗八升へと一割減少した。

上納米減少

そのため農民には得になったが、士族は受取高が減少して大いに不満だった。しかし国中を総計すると農民の上納米は約二万石余の減少となり大いに得になったという。これが一つには上見部下り廃止を乗り越え得た一因であるが（『履歴概略』）、武士層の不満は後に調所失脚の一因ともなった。

3　高利貸規制と掛銭禁止

貸付金規制通達

さらに弘化元年（一八四四）三月次のような通達が出されたが、これは調所農政改革の一環と考えるべきであろう。

一　百姓へ銭貸付け質地を請取りおる者は、早々相返すべきこと

一　百姓極貧者へ貸付けの銭、元金時節に請取り候様、もっとも今より利銭休みの願い申しいで候様仰せ渡され候に付き、まかりいで断り申候わば承り置くべきこと

　　ただし世帯方相応の者、何ぞ繰替候ため借入れ候者は、これ迄の通りその利首尾合いすべきこと、当三月迄ハこれ迄通り一割六分、以後は一割利付け候こと

一　百姓へこれ以後銭貸付け、一割ニて貸付け候こと

一 掛銭一往差し留め候こと
ただし郷士・町人・寺門前の儀は御構い無く候こと（『川辺町郷土誌』新版）

第一―三項は農民を対象とした貸付金に関する規則で、抵当物件となっている土地は早く返せということ、今後貸付利息は六分下げて一割にすること、特に極貧農からは返済期日に元金だけ受取れ、利息は禁ずるというもので、農民に対する高利貸行為を制限しようとするものである。おそらく借金に苦しむ農民がふえて、年貢生産者としての農民の経済的恐慌が、領主経済をおびやかすという実態があったからであろう。

さらに最後に掛銭を一応差止めるとし、それも郷士・町人・寺門前者はお構いなし、すなわち農民だけの掛銭を禁止したのである。薩摩では頼母子（無尽）を模合といい、掛けるものによって掛銀・掛銭あるいは米掛模合などといい、寛文元年（一六六一）城下士が掛銀で禄高を買った事例もあり、恐らく江戸時代初期からこれらの模合が存在したと思われる（拙著『薩摩の模合と質屋』）。

質地返還ならびに高利貸付け・掛銭の禁止により門農民の農業生産力を回復して、門割制の崩壊を防止し、御高格護を確実ならしめようと考えたものであろう。

特に当時郷士が模合を通じて農民収奪を進めていたことから、この達しはそれを禁止

伊集院郷士有馬家

西郷伊右衛門

する意図をもっていたのではないかといわれる。伊集院郷士有馬家に現存する借用証文三百五通のうち、農民の借用状が百九十四通（六四％）に達し、その半数以上は土地（五十七通）と模合（五十四通）を質物とするものである。質地が第一位を占め模合もそれに匹敵している。そして模合を質物とする五十四通のうち半分の二十七通が「西郷伊右衛門」なる人物が保証人として名を現わし、二十三通が文政初期に集中している。借用者の地域も下谷口村と隣村に集中し、さらに二十七通のうち十一通は西郷自身が座親になった模合を質物としている。年代・地域が集中し、半数近くが保証人の始めた模合を質物としていることは、保証人と借用農民との関係に特殊なものを感じさせる。すなわち西郷自身が例えば庄屋という役目を通じて、二十七通の保証を行い、また自らを座親とする模合を始めてそれに加入させていたのではないか。もしそうであれば庄屋とその行政的支配下の農民という公的関係以外に、私的な関係が結ばれていたことになる。こういう二重関係の発生は、そうでなくても公務公役以外の農民収奪を生じやすい郷士と農民との間に、ますますその傾向を深化させたであろう。西郷が保証した証文は天保以前の質物に模合をたてた農民借用状の七割以上に達し、模合が郷士の農民支配に大きな意味をもっていたことを物語る。今回の達しが高利貸行為の制限と共に、農民の掛銭を禁止したのは、模合が上記のような関係を生じやすい状態にあったからではないかと推定されている（桑波田興「薩摩藩郷士の貸付経営について」）。

しかし救済的意味をもち農民の主たる金融手段である掛銭禁止は、藩自体十分な自信があったわけではなかろう。その禁止を一応と断っているのは自信のなさの現れであり、事実これ以後も農民の掛銭は消滅しない。ただこれ以後掛銭を質物とする貸付が減少し、質地貸付が激増しているのはこの達しの影響であろうが、そのことがかえって農民保有地に対する在郷高利貸資本の土地集積を促進する結果になっているのは大きな皮肉である（同上）。この達しが質地返還は命じたものの、以後の質地貸付を禁止しなかったことが大きな抜け穴となったものであろう。

斉興巡見

斉興は弘化二年三月帰国直後の二十一日から四月八日にかけて十七日間、菱刈・真幸（まさき）等日向大隅諸郷を巡見した。玉里屋敷を出発した斉興は入来・山崎・宮之城を通って、鶴田では神子（こうし）村轟（とどろ）瀬通船、羽月では曽木滝や下の木場米蔵等曽木川疎通工事の成果を巡見、大口で里村のかつての休地を有村隼治が開発した田地を見分、さらに菱刈・栗野・吉松・吉田・馬関田・加久藤・小林・野尻・高岡・去川（さるかわ）・高城（たかじょう）・都城・末吉・福山・国分・加治木・重富を経て玉里に帰った（『履歴概略』『島津秘譜』『新納久仰雑譜』）。

調所五百石加増

これにより領内農村の実情をはじめ農政改革の成果を見た斉興は、四月二十一日調所に五百石を加増した。その文言に、

諸郷勧農一件は分けて仰せ付け置かれ候ところ、これまた御趣意深く汲み請け指揮を致し候故、労郷もいよいよ栄え立ち、今般御巡見の郷々耕作行届き、かつ難場の川普請迄も成就を致し、運送等に付いては労百姓至極救助相成り、一統進み立ち窮民眉を開くの時宜に成立ち、別して御満足に思召し候（『追録』）

とありこの加増が農政改革・曽木川疎通工事等への賞賜であることを示している。

三　琉球外交問題の処理

1　仏国琉球に開国を要求

課題の五十万両備蓄を終えてほっとした調所に、追打ちをかけるかの如く発生した琉球外交問題は、調所改革を意外な方向に展開させた。

十八世紀末以来、イギリスを先頭とする欧米資本主義国の波浪が日本の沿岸を洗いはじめ、薩摩藩領内特に琉球本島への寄航船も別表の如くで、属島を加えるとより多数になる。中でも天保八年米船モリソン号は浦賀で砲撃を受けて薩藩領内山川沖に現われ、ここでまた砲撃された。そこへ弘化元年（一八四四）三月十一日新たにフランス船アルクメーヌ号が那覇に来航、船長デュプランは通信・貿易・布教の三ヵ条を要求し、アヘン戦争で清国が敗れ、償金を払い土

琉球への来航船

寛政9年（1797）	英船
享和3年（1803）	英船
文化13年（1816）	英船（2隻）
文政10年（1827）	英船
天保3年（1832）	英船（2隻）
同　8年（1837）	米船（モリソン号）
同　14年（1843）	英船

仏船琉球へ開国を要求

地を割譲したことを告げて要求受諾を促した。琉球が国産品少なく交易の力のないこと等を理由にこれを拒否すると、神父フォルカードと通訳一人を残留させ、後日大艦隊での来航を告げて船は出航した。

フォルカード

驚いた琉球では藩に急報、斉興は穏便の対応を命ずる一方、調所を老中阿部正弘と内談させ、警備兵派遣の内命を受けて、七月用人二階堂行健ら百二十八人を琉球に派遣した。しかし調所はこの派兵が事態解決に逆効果となることを恐れた。海老原は琉球館在番親方らに、警備兵派遣はいわば「三四歳の童子をもって、相撲取などへ相手致させ候

警備兵派遣

警備兵一部引揚げ

琉球に来航した仏艦（『薩藩海運史』）

も同前(然)」で、それは幕府への配慮にすぎず、「少しも武器を動かさず、異国人共申し出の機変に応じ弁話をもって申諭し候様」すべきであると話したという（『旧琉球藩評定所書類』）。琉球を通じてアヘン戦争の情報等十分知り得る立場にあった薩摩藩当事者として、一歩誤れば破局を迎え兼ねないことを恐れたものと思われる。調所はその後仏国艦隊の来航もないことをみて、遂に翌弘化二年三月幕府に極秘で、琉球から警備兵の一部を引揚げるよう命じた（『琉球外国関係文書』）。しかし調所はこの引揚げが幕府に洩れてはたいへんだと、厳重な口封じを命じた。島津石見や同壱岐・同久宝らの家老は、当時藩の機密が幕府に洩れている可能性もあったことから、このような幕府を欺く工作を危ぶんだが、調所はさほど気にかける風もなかった。

ベッテルハイム

一方イギリスも弘化元年清国福州駐在の領事が、同地琉球館に対し貿易開始を要求、翌二年英船二隻が相次いで那覇に来航し、さらに翌三年医師で伝道士のベッテルハイムが四月五日琉球布教の目的で那覇に来航、本国皇帝の命と称して強引に家族通訳ら四人と共に上陸居住して、船は出航した。

ベッテルハイム到着の翌四月六日今度は仏船一隻が那覇沖に達して翌日入港し、のち運天に回航、五月十三日にはさらに二隻が相次いで運天に来航し、司令長官セシュ少将は通信・貿易を求めた。琉球は仏船再来を藩に急報すると共に、その要求を拒否した。

警備兵派遣の偽装工作

仏船再来の急報を得た藩では五月二十九日これを長崎奉行に報告し、さらに閏五月二十日幕府へ届出、二十三日用人倉山作太夫に一組（三百四十八人）の兵力を率いて渡琉せよと命じた。しかし調所は側役友野市助・海老原清熙に、琉球一件は無事平穏に処置しなければならないので、警備兵は実際に琉球に渡る必要はない。あくまでも幕府への見せかけで、そのためできるだけ騒々しく宣伝して、幕府隠密に渡琉したと思い込ませるようにし、極秘のうちに山川から引揚げさせよと指示した。そして九月倉山と新納四郎右衛門常善だけを渡琉させ、他は中途から引揚げさせた（『大日本維新史料』、以下『史料』と略称）。

そうしながら閏五月二十五日阿部正弘と内談した時、阿部の問いに答えて調所は、琉球警備兵は琉球在番下のもの上下六―七百人、それに弘化元年派遣した七―八百人を加えて千数百人と答えて、少しのひるみもみせなかった。その後十二月阿部が派遣兵員の詳細を求めた時も、番頭（ばんがしら）二人、鑓（やり）・弓・鉄砲奉行以下六百九十六人、大砲五百目より一貫目内外二十挺（ちょう）、小筒（こづつ）五百挺、鉄楯（たて）の板三十挺その他定例派遣兵を配置していると報告した（『琉球外国関係文書』）。

偽装工作露顕

その前幕府は斉彬に帰国して琉球問題について「寛猛の処置」を行えと命じた。斉彬は弘化三年七月国元帰着、翌四年三月出発参府した。この間に調所の偽装工作は幕府に露顕、阿部は五月十日着府した斉彬を二十五日呼び出し、薩摩の派兵人数は届書と相違して至って少なく、しかも大多数が軽輩の者であると難詰した。藩では善後策として、昨年派遣した村橋左膳の一隊がなぜか琉球へ未着であること、秋に代りを送るとの弁解書を出し、七月島津権五郎以下十九人に渡琉を命じた（『史料』）。しかしこれとて偽装工作の臭いが強く、斉彬も十九人を一組と届けるのではないか、それが恐ろしいと調所の偽（ぎ）

瞞性を非難している（弘化四年八月二十九日、島津久宝宛書簡）。

しかし調所としては当時の給地高混乱の中での軍事力動員体制の弱体化、すなわち海老原のいう如き薩藩軍事力の劣勢に対する自覚があり、激情家の多い薩摩武士が不測のことから戦闘行為に出ることにでもなれば、清国の二の舞を演ずることは必至と危惧したであろう。そうなると単に薩摩一藩の問題にとどまらず、「日本ノ御国体ニ相カカワル儀到来致スベシ」と憂えた。阿部にもその認識はあったのであるが、阿部が斉彬を難詰した時「向後モシ又々異賊渡来、理不尽ニ闘争ノ儀コレ有ル節、イカ様取計ラウベキ見込ニ候ヤ」との文言があるが（『史料』）、阿部の論理でいけば、だから兵力を増強して対処せよということになる。阿部はその結果をどう予見していたのであろうか。

調所の対仏平和交渉策

調所はむしろ仏国要求の一つ例えば貿易でも受容して、事態を切抜ける平和的手段に徹することこそ、当面の緊急避難的最上策とする認識があり、阿部にもそう説いていた。特に弘化元年調所はようやく重豪下命の五十万両備蓄を実現したばかりのところ、幕府から十五万両上納を命ぜられ、しかも他国産砂糖の出回り、砂糖価格の下落等もあって、財政の先行きは不安極まりない状態であった。そのため弘化三年（一八四六）四月十五日斉興は、すでに改革開始後二十年になるのにまだ「所帯方立直り兼ね」、吉凶の大礼・臨時の用途が重み、過半は大坂借入れで賄っている。この状態ではまた以前の通り難渋の時節が到来するのは必至である。そうなると公務は整わず、昨年領内巡見の結果困窮の場所も多く、田地川々普請もこれから着手すべき所が多い。その上海岸を抱える国柄から防禦の手当ても勝手向不如意では整いかねる。それ故「来午（うま）（弘化四）年より酉（とり）年迄三ヵ年」改革期限を延長するとして（『追録』『鎌田日記』）、調所に対しその間「必至と差はまり昼夜相励み、きっと万端全備を致せ」として、改革中すべての吟味を調所に申付け、その外三都・長崎表の手当はもちろん、国元勧農方・節倹取締り・風俗改正・海岸防禦手当等の掛を命じたばかりである（上村文書）。

調所としてはフランスを迎えて、当面戦闘態勢を補強するより平和処理の道を探る方が国益にかなうと思われ、したがって無用な負担をかける琉球増兵など必要ないと考えた。こうして調所はフランス貿易の構想に意欲を燃やすのである。

2 フランス貿易の構想

阿部正弘

調所は弘化三年閏五月二十五日阿部正弘の役宅で人払いの上内談を行った時、フランスに対して貿易だけでも許さなければ事態は解決しないであろうと主張、阿部の同意を取付けていた。その時の調所の論理は次の通りであった。

調所の琉仏貿易論

琉球は南海の孤島で、黒砂糖以外格別の産物もなく、往古から和漢（日中両国）通商のみで成立って来た国柄である。そして清国の冊封（さくほう）を受け、表面薩琉関係は秘しているものの、琉球が日本と通商していることは、清英仏各国共承知のことである。今仏国要求の三ヵ条を国禁だとして断っても、あるいは清国に交渉して琉仏交易の許可を得るようなことがあれば、そのまま放置することはできまい。いずれ破局を迎え、勝敗はともかく琉球問題を発端に「日本ノ御邪魔」になる事態に発展するであろう。そうなると申し訳ないことなので、フランスがどうしても引取らない時は、交易の点だけでも少しなりと決めておけば、平穏に片付くであろうというのである（『史料』）。

阿部はそのような話は初めて聞いた。「サゾコレ迄心配ト御褒メモアリ」尋ねたいことがあれば、今後いつでも会うと約束した。また阿部の質問に、派遣兵員は在来兵及び今回派遣兵併せて千数百名、と答えたのはこの時で、これだけの兵力ででも幕命次第では、仏国兵力を残らず仕留めることができると、調所は平然と答えている。そして文政七年（一八二四）英船が宝島に来航して牛を強要した時、横目吉村九助が英人を射殺した例をあげて、その可能性を補強してもいるが、ただそうなっては「日本ノ御邪魔」到来と、阿部に危機感をあおっている。この際阿部から琉仏貿易の黙許だけでも得ようとのねらいから、初対面ながら老練調所の打つ大芝居に、二十七歳の青年老中阿部も大いに心を動かされた。阿部はそれでももし交易を行うことにしても、琉球は引受難儀であろうから、清国福建で交易するようにはできないだろうかとの意をもらし、何とか日本領域外での琉仏貿易の可能性を探ろうとした。しかし阿部は調所の論理を否定することはできなかった。阿部の意は動いたのである。そこで調所は翌二十六日御用掛筒井政憲(まさのり)を訪ねて同様のことを説き、筒井の全面的な同意を得た。

筒井政憲

阿部は早速林大学頭(だいがくのかみ)と筒井に、調所の提出した口上書を渡して評議させたが、その結果は交易差支えなしとの結論で、ただ奉行の中には長崎商法に差障りがあるとの異議も出たが、阿部はそれを採用しなかった。調所の説得が成功したのである。琉仏貿易黙認の情報は六月四日筒井の内命を受けた下曽根金三郎(筒井の次男で高島秋帆の高弟)により、藩邸留守居半田嘉藤次に伝えられた(同上)。

斉彬の帰国

その間斉興は自ら帰国すべきであるが、琉球の模様次第では直接幕府に伺うべきこともあろうからと、世子斉彬を帰国処理させることにして幕許を得た。その実斉興は四月二日出府したばかりで、当時出願中の従三位昇進の念願が、年末にも成功しそうとのことで帰国を渋ったのであるが、実際にはそれは実現せず翌年春帰国する(『続徳川実紀』)。徳川斉昭は「国家重大の節を忘れ、一身の高位を思う愚物」と斉興を罵倒している(『島津斉彬文書』)。

ところが一般にはかねて高く斉彬を買っていた阿部正弘が、斉彬を見込んで帰国させたのだとする。これが事実だとすると斉昭の罵倒は見当はずれとなるが、それとも阿部と斉彬の謀議で昇進可能の如き情報を流して、斉興の気をひいたということであろうか。

六月一日斉興及び名代帰国の斉彬に、将軍徳川家慶(いえよし)から直接琉球は「ソノ方一手ノ進退ニ委任ノコト」だから、今度の件も「存意一杯ニ取計」らい、ただ「国体ヲ失セズ寛猛ノ所置勘弁ノ上」後患のないよう熟慮して「取計ライ向等機変ニ応シ」処置せよと申渡した。阿部はその後六月五日役宅で斉彬に、将軍上意の趣は万やむを得ない場合は交易を許す意であることを伝え、八日再度斉彬を呼びそれもできるだけ手細く、かつフランスに限ると念をおした。その上八日阿部はさらに調所を役宅に呼んで、斉彬へ達した内容の書取を渡し、かつ口達で交易を取結んでも幕府に異論はない旨を伝えた。斉彬は翌日出発帰国した(『史料』『県史』)。

調所は六月十二日この事情を知らせる書状を持たせ、側用人兼留守居大迫源七と使番

調所の密命

趣法方調掛新納四郎右衛門の両人に「書面ニハ書キアラワシ難キ意味合イノコト」を委細いい含めて国元に急派（七月一日着）、新納は新在番奉行倉山作太夫と共に、鰹船でも仕立てて早急に琉球に渡れと命じた（『史料』）。

しかもこの件が「万一モ隠密等ヨリ公辺へ相洩レ候テハ誠ニモッテ大変」とし、奥掛書役でも一両人以外には知らせず、伺役も絶対口外しないよう申付け、評議等も至極穏密に行うよう国元家老、側役友野市助・海老原清熙・坂本休左衛門らに念をおした（『史料』）。

では調所が大迫・新納に委細申し含めたこととは一体何であろうか。恐らく九月二十八日琉球に着いた倉山・新納が、十月三日及び七日に浦添王子・国吉親方に伝えた話がそれを示していよう。その一はやむを得ない場合は通商の一条は取決めてよいこと、次にその手筋は琉球北部の要港運天に商館を構え、貿易資金は藩が金一―二万両をあてて、和産の反布類とフランス製品との交易を行い、それがうまく運んだら、買入品に御禁制の五種の唐物を紛れこませて持ちのぼるというものである（同上）。

唐物密貿易をはかる

阿部がいった福建ではなく直接琉球でのフランス貿易を構想し、それに唐物密貿易をからませて、非合法にでもかねて念願の唐物十六種（後述参照）の貿易実現を貫徹しようとはかっている。明らかな幕府の貿易独占権への挑戦である。調所が幕府隠密への漏洩を極度に警戒したのは、この点にあったといえよう。

しかし当の琉球では摂政（せっせい）・三司官をはじめ王子衆・按司（あじ）衆・親方（おえかた）衆が、十二月こぞってこの調所構想に反対の意を表明した。その理由は㈠外国船への日常物資の供給は疲弊農村の一層の困窮を来たすこと、㈡今後金銀反布類と交易することは、これまで物産の少ないことで交易を断っていたことと矛盾する。致し方ない場合も琉球産物だけでの交易にしたい、㈢フランスに交易を許せば英米等の要求を断れなくなり、交易は広がる一方となる、㈣フランスは清国と交易している由だから、そこから薩琉関係が清国に露顕し、進貢貿易の支障になろう等であった（同上）。

㈡については事実フランスから、琉球が物産が少なく「度佳喇島（とから）」（薩藩）から物品を購入して日常の便に供しているというが、国外から物品を買えるということは、それに見合う物品があるということではないかと、琉球の交易拒否の理由を虚偽だと突かれていた。また㈣は薩藩の弱みを突いていた。

琉球は琉仏貿易を拒否

琉球の反対にあった調所は、弘化四年三月八日国元帰着の上、十七日琉球館在番親方を自宅に呼んで、貿易地を広東に移し交易品は琉球の物産に限ることを伝えた。妥協策である。しかし琉球では仏人退去の斡旋を清国に依頼した時、物産が少なく仏国との交易は不可能であるとの理由づけがしてあるので、いまさら広東での交易を出願しにくいこと、それに対清外交担当の久米村方の申出た、進貢国が貢船によって対外交易を行うことは清国では禁止されていることを加えて(『旧評定所書類』)、六月晦日調所の申入れを断るよう摂政・三司官より琉球館在番親方に申送った。こうして調所構想はすべて挫折したが、これにからませた唐物五種は後述の如く同年八月幕府より許可される。一方フランスは当面格別強硬手段に訴えることもなく事態は平穏に進んだ。

四　軍制改革と給地高改正

1　洋式軍事技術の導入

琉球外交問題の発生により調所はこれに対応するため軍制改革を実施、同時に軍役負担の基本となるべき給地高の改正を行った。

軍制改革の柱は洋式軍事技術の採用と軍事組織の改革であったが、軍事技術の洋式化はこれ以前から徐々に進みつつあった。天保八年（一八三七）モリソン号来航後、この事実を長崎奉行に報告した用人新納主税（ちから）に、砲術家の長崎町年寄高島秋帆（しゅうはん）は、周囲に海を抱えた藩地海防の要を説くと共に、新鋳の用に供するためとして剱銃（ゲベール）（燧石銃）一挺を贈った。このことを新納は家老島津但馬（たじま）に伝え但馬から斉興の耳に達し、九年二月荻野（おぎの）流砲術師範鳥居平八と弟平七を長崎に派遣、高島に入門させた。

高島秋帆

高島は父四郎兵衛の教えを受けて荻野流砲術の師範役であったが、外国軍艦を相手とする出島砲台の受持であった父四郎兵衛が西洋砲術に着眼、商館長陸軍大佐スチュルレルについてこれを学び、のち秋帆も父の職を継ぎ父の志に従って共に西洋砲術を学んだ。こうして天保六年高島流砲術を確立して門戸を開き、初めは荻野流を含めて教授していたが、後にはこれを除き高島流砲術と西洋銃陣だけを教授するようになった（有馬成甫『高島秋帆』人物叢書）。しかも高島父子がかねて長崎薩摩藩邸に出入りして、早く調所とも交流のあったことは後述の通りである。

鳥居平八

鳥居平八はかつて高島に入門して荻野流を学んだというが、今回鳥居兄弟は天保十年五月高島流砲術の奥義を究め相伝のしるしを得て帰国、野戦砲（ボンベン）及び臼砲（モルチール）・忽砲（ホイースル）各一門を模製して操練の門を開いた（『兵器史科稿本』）。

鳥居平七

藩はこのほか益満新十郎を入門させたが、鳥居平八が死去したので弟の平七を長崎に再遊させて、高島流砲術の習得に努めさせた。その再遊を市来四郎らは天保十二年と記すが、鳥居平七に秋帆が高島流秘巻を「御執心ニヨリ相伝セシ」めたのは天保十一年十二月とあるので、十一年と思われる（『斉興公史料』）。鳥居平七は帰国して剱銃・野戦砲・臼砲・忽砲及び銃陣法を門下生に教授した。薩藩における西洋砲術は平七をもって開祖とする（同上）。

斉興は天保十二年谷山中之塩屋において島津但馬に洋式銃砲術を試験させ、翌年三月

高島流砲術

二十八日には自ら中村騎射場において高島流砲術の調練を実見した。もちろん藩主として初めてのことである。

当日用いた大砲の種類は二十拇臼砲・十五拇忽砲・十三拇臼砲・五百銭野戦重砲（一名攻城砲）各一門、百五十銭野戦砲二門で、また銃陣の調練をも行った。銃隊は四十八人で編制し、野戦砲を左右両翼に備えて銃隊と共に進退して放発を行った。銃砲士の服装は洋服になぞらえて筒袖半天・股引・立揚袴（カルサン）を用いて、帽子は秋帆発明の「ペレトン」笠という魚頭形の陣笠を用いた。太刀は持たせず脇差だけを持たせたが、鎧具を用いない演習の初めで、この調練に「心アル者ハ其術ノ精妙ニ感シタルモ、アルイハ古陋頑癖ノモノハ誹謗シコモゴモ一ナラス」という（『斉興公史料』）。

成田正右衛門

斉興はその妙技に感じ入ったが、たまたま天保十三年十月高島秋帆が幕府の嫌疑を受けて捕えられ、鳥居平七にも探索の目が光りはじめたことから、内諭して鳥居を成田正右衛門正之と改名させ、高島流の名を避けて御流儀と称することにし、成田を御流儀預として、洋式銃隊・砲隊の制を正式に採用した。この年あたかもアヘン戦争で清国が敗北、オランダ風説書は英・米船の日本渡航の近いことを伝えたが、軍制改革への積極的な取組みは弘化年間、特に弘化三年以後であった。

鋳製方

すなわち弘化三年（一八四六）五月上町築地鶴江崎弁天社の側に鋳製方を設立、海老原清熙を御頭方とし、成田正右衛門・田原直助・竹下清右衛門その他を掛として、藩内の鋳物師・鉄砲鍛冶・刀鍛冶を動員して大砲・小銃の製造に当らせた。また同年秋には後迫滝之上に銃薬製造所を造った。ここには以前小銃射場があり、文政初年唐湊村の火薬製造所をここに移して水車を用いたというが、海老原はその跡に建てたと記し「原書ヲ訳シ製シ」たというから、今回洋式に改めたということであろう（『市来四郎自叙伝』『履歴概略』『家記抄』）。

銃薬製造所

弘化三年七月名代帰国した斉彬は翌八月、磯で砲術を試み十月薩摩半島南端の指宿・山川等を巡見、山川では成田に命じて大砲試射を行わせ、また台場築造場所を見分した。

安田助左衛門

一方琉球問題の発生した弘化元年八月、二階堂行健と琉球警護のため渡琉し、翌年六月途中引揚げて帰国した安田助左衛門は、琉球警備力強化の必要を痛感し、その前提として当時紊乱していた給地高を改正する必要を海老原に進言した。給地高が軍役負担の基本であったからである。

安田は次いで弘化三年十月江戸において、勧農方に関する諸郷回勤の状況を報告すると共に、高所有体系の再編による軍制改革の実施を調所に進言した（『安田日記』）。郡奉行の職にあって給地高の実体に通じていた安田は、また甲州流軍学の師範として軍制一般にも精通していたのである。

島津久光

弘化四年三月八日帰国した斉興・調所は、三ヵ年間延長した改革政治の中心課題として軍制改革に取組んだ。まず四月島津久光（忠教）を家老座に列して、琉球並びに海岸防禦の名代とし、海岸防禦計画に着手、五月調所は安田や成田・田原直助らと共に指宿・山川の台場築造場所を見分、六月安田に命じて指宿大山崎・山川権現ヶ尾に大砲台場を築造させた（同上）。

嘉永元年（一八四八）一月山川地頭になった海老原が地頭として台場築造に当ったとするのは、砲のすえつけまで行ったということであろう。海老原はまた地頭仮屋を新築拡張、正竜寺を改築して兵力の出張・駐屯に備え、また喜入黒地蔵坂道路を海岸に通して、今和泉瀬崎より城山下、指宿宮ヶ浜に通じさせ、軍用輸送の便をはかったという（『身上ニ関スル件』）。

御流儀大砲掛

一方四年六月二十九日家老島津久宝を海岸防禦掛とし、七月八日鎌田正純・川上久美・喜入久高・島津久包（ひさかね）・島津久典（ひさのり）・川上久齢（ひさとし）ら一番ないし六番の小姓組番頭を御流儀大砲掛に任じ、成田を補佐して諸士の指導督励に当らせた（『鎌田日記』『薩藩史料稿本』）。

その間調所は七月一日谷山中之塩屋で、成田・青山両流の砲術を家老島津久宝・同石見らと見分、七月十日鎌田正純ら六人の大砲掛をすべて成田に入門させた（『鎌田日記』）。それ以前藩内砲術流派には青山千九郎（愚痴）の天山流のほか、真田流・赤井流・道与流・南蛮流・荻野流等があって、「中にも青山は門生多く、その術もやや実用に適せり」（『市来四郎日記』『薩藩海軍史』）といわれ、鎌田正純も青山の門人であった。

二階堂行健

調所はさらに側役二階堂行健・趣法方用人海老原清熙らと軍制改革について検討を重ねた。例えば調所の帰国に随従した安田助左衛門が、桑名で杉山左膳について甲州流軍学の奥義再伝・軍役人数賦の皆伝を受けたが、これを含めて甲州流軍学について安田らを呼んで、種々の質問を交えながら検討した。特に二階堂が異国船が長崎に来航する風聞があり、もし長崎奉行から人数二―三万も出せといって来たら、三―五日の間に出発できるかと尋ねた時、安田は「兼ネテ御軍役ヲ定メラレ、兵制相立テ申サズ候デハ相調イ申サズ」と、あらかじめ軍制を整備しておくことの必要を強調した。調所はまた安田・成田らに命じて弘化四年七月末から八月にかけ肝属半島南端の佐多・小根占に台場を設置させ、さらに安田及び記録奉行得能通古らに諸所台場設計図作成を命じ、八月二十三日完成した（『安田日記』）。

得能彦左衛門通古

一方かねて城下大竜寺南隣に建設中の砲術館(御流儀砲術稽古場)が完成して、同年八月二十日稽古場開きがあって、成田に教授させることになり、青山門人も出席することになった。すでに七月青山千九郎には成田へ入門せよとの内沙汰が出ており、門人鎌田正純がその説得役を命ぜられていた(『鎌田日記』)。

この日の稽古場開きに参列した名越時敏によると、稽古場の広さは横十九間(三十五メートル)縦二十九間(五十三メートル)で、当日の稽古人員は青山流を加えて四百人余という。

調所肖像(『続常不止集』)

ここで初めて調所に面謁した名越は、当時斉興公寵愛の家老だというので、帰ってその肖像を描こうと思い、調所の容貌を残すところなく詳しく覚え、陰で指先をもって下書きをし、帰宅後早速紙に描いたところ寸分違わぬものができた。そこでそれをまた日記(『続不常止集』)にも描いておいたという。数

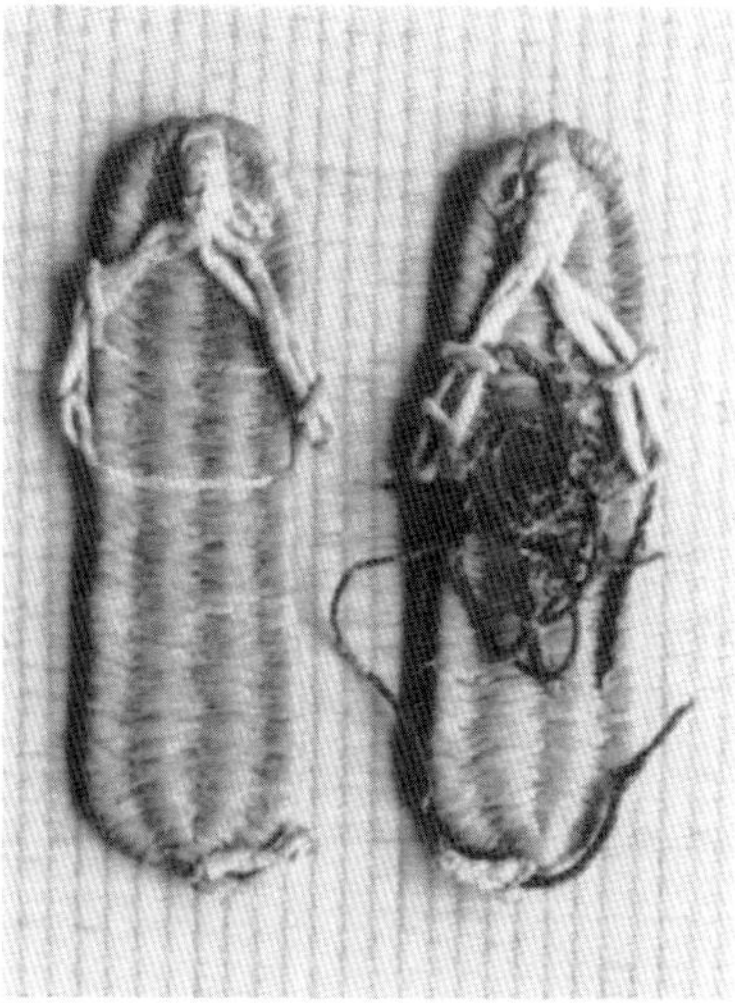

調所使用のわらじ

年後お由羅騒動に連座して大島に流刑となり、ここで詳細な図解民俗誌『南島雑話』を著わす名越の画業は正確であったろう（東洋文庫『南島雑話』解説参照）。口絵や前頁掲載の調所肖像は共に複写で、名越描く実物ではなく残念であるが、当らずといえども遠からずであろう。名越は日記にこの方がよく似ていると注記している。そして当時の調所について「髪ハ半白、付けびん、入歯、目尻しわ耳に及び候の三ツ計り、その余漸々（やや）みじかく数多（あまた）あり、眉毛あるなし」と記す（『続不常止集』）。死去前年の調所の風貌を細かく観察している。

2　軍役方設置

このように銃砲・弾薬の製造、台場の築造を進め、高島流砲術を軌道に乗せつつあっ

軍制改革布告

た調所は、弘化四年（一八四七）十月一日他の五家老と連署の上軍制改革を布告、従来の甲州流軍学を廃止して洋式に統一した。

すなわち異国方手当のあり方はだんだん前後連続しなくなり、急速な兵力出張など整いかね、また蛮夷の諸国は大砲を用いるので和漢戦闘の方法とは異り、かつ当時の風は国風に背く点もある。そこで先祖貴久（たかひさ）・義久・義弘時代の軍法を基本とし、一家の流儀にとらわれないでよろしきに従い、外国防禦の手当が全備するように取扱えというものである（『斉興公史料』）。

海老原によると、貴久以来の軍法すなわち合伝流に基づいて洋式銃砲術を採用し、併せて甲越諸家をはじめ和漢の良法を折衷し、甲州流五段備（ごだんぞなえ）を廃止して総銃陣に改めることにしたのだという（『履歴概略』）。

甲州流五段備

甲州流五段備とは一組二十五人、一備五十人等の数を定めて、これを鉄砲・弓・騎馬・長柄（ながえ）・大将旗馬と五つに分けることで、鉄砲・弓・長柄組はみな足軽を充当する。しかし薩摩では貴久以来鉄砲を重視し、したがって鉄砲は足軽ではなく士分に持たせた。徳田邕興（ゆうこう）らの兵学者はこの甲州流の鉄砲軽視論、及び人数を一定する等の形式主義を強く非難していたが、この度これを廃止したのである（『島津家御旧制軍法巻鈔』）。

園田与藤次

この改革に当り調所は海老原に命じて、一種の新旧軍制判定会を開いた。場所は城内奥の書院、主席には旧軍局をつかさどる家老島津石見(いわみ)、次に軍師園田与藤次・後見大野清右衛門、そのほか軍局改役・書記数名が並び、客位に調所広郷・側役二階堂行健さらに海老原清熙・得能通古、次に軍賦役・書記が列席した。

まず調所が「今日軍務ノ旧式ト新タニ論ズル所ト、ソノ利害得失ヲ議定スベシ」として、海老原に軍師への質問を命じた。海老原が園田に十余ヵ条の質問をし、今日専ら銃戦となって五段備の如きは軍備に適しないのではないか、と問いただすと、園田は自分の家は古来立てた規則を守って、今の世に適するか否かは論外だと答えた(『家記抄』)。

平田宗可

海老原は近隣に洋学に心を寄せ兵学にも通じた平田宗可が住み、早くから甲州流が時世に適しないことを聞いていた。また成田正右衛門から火打石のかけ方等剱銃(ゲベール)の射法を教わり、「コレナレバ大雨ニテモ火ノ消ユルトイウコトハナシ」(同上)ということに感銘していた。しかし当時藩の兵備は甲州流師範園田が軍師で、門閥・家老・用人等多くがその門下生とあって、とても異論を唱えることなどできなかったが、調所に仕えるようになってはじめてこのことを調所に説いたのだという。

海老原や安田助左衛門その他の説に耳を傾けた調所が、この軍制判定会を開き、公開の場で園田の頑迷な答弁を引出して、事態を決着させたもので、これだけの「武門ノ大変革」を行うには、このような儀式を行って藩主はじめ諸家を納得させる必要があった、ということであろう（同上）。

そして同じ弘化四年十月一日異国方を廃止して軍役方を設け、別表の如く名代以下の諸役を任命したが、前記の新旧軍制判定会はこの日行われたのだという。さらに十七日鷺之間次の間に軍役座をたて、同時に御流儀大砲掛の小姓組番頭のうちの川上久美・川上久齢・鎌田正純・喜入久高の四人と、安田助左衛門ほか五人の郡奉行を軍役方掛に任命して軍役方の充実をはかった（同上、『鎌田日記』『安田日記』。なお『旧邦秘録材料』

軍役方組織（弘化4年10月）

御軍役方御名代	島津山城（久光）島津内匠（加治木領主）
同　　副名代	島津豊後（久宝）
同　　惣奉行	調所笑左衛門
同　　惣頭取	海老原宗之丞（清熙）
同　　御取次	二階堂志津馬（行健）
（以上10月1日，以下6日任命）	
同　　取調掛	得能通古・税所七郎右衛門・田中清右衛門・法元六左衛門・野元源五左衛門・川崎四郎左衛門
同　兵道御役者	有馬衛守
御軍役方掛	伊地知小十郎・伊集院七之丞・染川喜三左衛門　迫田甚助・伊東正兵衛・新納八郎太

『順聖公年譜』より。

によると、このほかに町田監物以下五十余名をも任命している。ただし六日とするのは疑問である)。

吉野で大調練

そこで十月二十八日城下近在の吉野で軍役方最初の大調練を行い、島津久光・同内匠(たくみ)・同久宝らと共に調所もこれを見分した。当日は洋式銃隊一大隊の調練があって、野戦砲二十四門その他六斤砲・十二斤砲・十八斤砲・二十拇(ドイム)臼砲・十五拇忽砲・五十斤臼砲等の射撃を試み、別に青山千九郎の率いる天山流銃隊五十人、野砲二門及び火縄銃隊千余人も参加した(『鎌田日記』、『県史』の九月説及び青山を荻野流とするは誤り)。

3 給地高改正

給地高混乱

軍事技術の改革が進むにつれ、それに即応した軍事組織の整備が必要となったが、当時軍役負担の基本となるべき給地高が混乱していて、まずその改正が緊急の課題となった。

薩摩藩では家臣団の知行制は、藩政時代を通じて地方(じかた)知行を主要な形態としており、しかも享保十三年(一七二八)に定めた高直(たかなおし)規定に明示する如く、役儀上の功労等を考えた上一定の知行高すなわち給地高の変動・売買を認めた(『薩藩政要録』)。もちろん高奉行に願い出て藩の公認を受ける必要があったが、それを一般に「高直し」と呼び、その際持高が増加することを「高上り」、新規に高持になることを「高持成り」と呼んだ。給地高は家格等による所有高の上限が定められていて限度があり、しかも城下士と外城士、あるいは各外城士相互の給地高の売買移動は厳禁されていた。

しかし時代が下るにしたがって、抱地（自費開墾地）知行の増加と家臣団の困窮化による給地高の売買等によって、知行体系が混乱し、遂には一切の手続と高直し規定を無視した給地高の移動が盛行するに至り、その混乱にますます拍車がかかった。そして「従前厳格五十石百石三百石ト差等ノ規則アツテ紊ルベキコトナカリシガ、漸次ニ廃シ、文政中ニ至ツテハ甚ダ有名無実ノコトニナリ、富有ノ家ハ数千石ヲ兼併シ、平日ノ処方ヨリ第一兵賦ヲ立ツルコト能ワス」（『履歴概略』）という状態に立ち至った。こういう状態は琉球外交問題にみる如き外圧の高まりを経験した調所としては、放置できないことであった。こうして弘化四年十一月十五日六名の家老連署の上で、給地高改正の断行を布告したのである。

それ以前十月六日、かねてからその必要を建言していた郡奉行安田助左衛門を高奉行に任じ、安田の申出により高奉行有川藤左衛門と共に、給地高改正の方法を検討するように命じていた。安田らは検討結果を早くも二十四日に報告、その中で享保の旧規に復するよう、それもまず「高直シ等最安ク相済ミ少シニテモ早目ニ相片付」くことから着手するようにと進言していたが（『安田日記』）、十一月十五日の改革布告は、ほぼこの安田らの上書内容に沿うものになっていた。

改正内容

すなわち諸士給地高は、先祖の勲功あるいは家格・勤役の高下に応じて給与され、高上り・高持成りの規定があり、平生の公務はもちろん非常の備えに至る迄、その分限に応じて任務を尽させてきたが、近来持高について名目と実質が異るようになったので、旧規通り改正を行うとして次の八項目を達した。

格外（制限以上）に高を買入れた者には制裁を加え、すべて高を没収すべきであるが、今回はこれを免除することとし、㈠もし買入高を他人名義としている者は、明年三月限り高直し、あるいは別人へ譲りたい者はその通りに高直しを願い出ること、㈡まだ名義を変更していない買入高および貸付金の抵当として所有している高については、高員数および郷村門名・抱地高等の内容を詳記して明年二月限り高奉行所へ届け出ること、㈢自分の持高や買入高を他人名義にしている者も、前項同様届け出ること、㈣取込み（在職中死去または退職した者の役禄の超過分）・拝借（藩庫から借りた金穀）・滞納（持高にかかる負担の滞納）のある者への、高の売渡しや高上りは従来禁止されていたが、今回に限り高直しを許す。

ただし取込み・拝借等の返上方については、後ほどその高のうちから吟味次第上納を申付けることもある、㈤跡職未定の者や幼少者で勤め方のない者の高直しも今回限り許す、㈥高を売渡して高直しもせず、高主・証拠人共に死去した者の関係者へも前項同様、㈦江戸・京大坂・長崎詰の者の高直しについて、相談の必要ある場合は親類等から高奉行所へ届け出れば、趣法掛用人を経て江戸詰同役や留守居が当人に相談を行って、是非期限内に片付くように取計らう、㈧城下士と外城郷士間で売買された高は、もと通りに返還するか、高直し資格のある者へ譲るか、どちらかを選んで明年三月限り高直しを願い出よ。郷士そのほか身分違いの者に借金返済のために持高や抱地高を与えることは厳禁で、そのような者があれば糺明の上用捨なく取揚げるというのである。

高直し上限

そこでまず十二月七日・同十六日・同三十日及び翌弘化五年（嘉永元）正月十日別表の如く、高直しの上限を定めた。しかも二年後の嘉永三年（『斉興公史料』の年代の誤りは黒田安雄氏指摘）さらにそれを改訂している。一見たびたびの改訂とみえるが、小番以下の諸士については郷士以外に変更はなく、上士について二転三転している。しかし調所在世中の上限高は結局嘉永元年分が定着したとみられ、その削減率は改正前に比し寄合並が五〇％で、他は七〇～八〇％となって極めて厳しい。

ただ弘化・嘉永両度共「持チ来リ候者ハ有リ来リノ通リ」とか「当分持チ来リ候分モ、前条石数ヨリ過上ヲ致シ候テモ今形(なり)ニテ、以来新規相求メ候者迄右ノ通リニ候」(『斉興公史料』)という如く、享保の給地高規定に準じたそれまでの所有高には、何ら実質的修正は加えず従来通り認めた。すなわち改正の目的が享保の旧規に復することにあって、必ずしも今回定めた上限

高上り上限高

年次 / 家格	改正前(享保の規定)	弘化4年 12月7日	弘化4年 12月16日(30日)	弘化5年1月10日,( )内は改正前比	嘉永3年 8月14日
一所持	7,000石	3,000石		2,000石 (28.5%)	3,000石
一所持格	5,000	3,000		1,000 (20.0)	3,000
寄合	3,000	2,000		1,000 (33.3)	2,000
寄合並	2,000	1,000		1,000 (50.0)	1,000
小番	500	300 ※ 500	300石 ※ 500	※は側役以上,地頭	300
新番	300	200	200		200
小姓組	200	150	150		150
郷士	50～100	50	※※ 25 (12月30日)		50
与力	30			30 これ迄通り	

『追録』『斉興公史料』『薩藩政要録』による。※※は松下志郎「幕末維新期の藩政改革と郷士地主」による。

高以上の所有高をすべてはき出させて、それを配分するということにはなかったからで ある。

とはいっても小番以下の諸士については、嘉永三年の布告で「前条御定メノ石数ヨリ格別過上ノ向キハ、家筋俗生等ノ趣ニヨリテハ、御吟味ノ上減少仰セ付ケラルベキ儀モコレ有ルベク候」(同上)と釘をさしている。「家筋俗生」とは市来四郎によると、諸郷士や門閥家の家来または農工商等から、近年城下士に登用された者と旧来からの諸士との新旧登用の差をいうとあるが(同上)、ここではその郷士等出身の新米城下士が対象になるということであろう。弘化四年の場合「家筋俗生等ニ応ジ差別仰セ付ケラルベキ儀ハコレ迄ノ通リ」(『追録』)とやや漠然としていたものの、実質は嘉永布告同様の趣旨と考えられる。

それは恐らく弘化二年八月の安田助左衛門の上書中に、小番以下で内々四-五千石もの高集積を行っている者が多数いると指摘し、問題点を小番以下にしぼっていたことと関連があろう。海老原も高直し規定が有名無実になったことを指摘した時、その例証として「五十石・百石・三百石」を挙げていることも、小番以下の諸士が念頭にあったことを示している。ただ布達の趣旨はその中でも「家筋俗生」それも「格別過上ノ向」きにねらいがあり、しかも従前の慣例通りというもので、諸士一般を指すものではないと理解すべきであろう。

もちろん寄合並以上の上層家格に対しても、例えば「余人名前高永代買取リ置キ、年々取納メ致シ来ラレ候高」であっても、所有高が今回の改正上限高以上の場合は、高直しを許さないとする如く、極力高集積を抑制しようとしていた（『斉興公史料』）。

すなわち今回の改正の大きな目的は、弘化四年十二月の豊後（久宝）・笑左衛門名の布達にあるように、家臣団数に見合わない知行高の絶対的不足と、富家の面々による高の買集めという状況によって、軍役の賦課すらおぼつかないという憂慮すべき現実を克服するため、高を諸士に行きわたらせて将来諸士の活力を取り戻すことにあった（『追録』）。

軍役高改正掛、聞合掛

しかしこの改正が家臣団の経済生活に直結するだけに、その実施には種々の障害が出てきた。そこで調所は弘化四年十二月八日さきに軍役方掛を命じていた川上久美・川上久齢・鎌田正純・喜入久高の四人の小姓組番頭を「支配中面々へ申し諭し方」等のために、軍役高改正掛に、二十日は川上後五右衛門ほか九人の横目を聞合（ききあわせ）掛に任命した（『斉興公史料』『旧邦秘録材料』）。この川上久美らの任命について、市来四郎は「種々ノ手段ヲモツテ損亡ヲ避ケントスルノ弊」が起こり「コレヲ匡正センニハソノ人ヲモツテセンニシカジト、右ノ輩ヲ特命シ」たが、この四名は数十名の組頭中衆望の帰したものを選んだという（『斉興公史料』）。

また川上後五右衛門らの任命は、給地高改正の趣旨をわきまえない者たちが、高直しについて種々不正工作をすることがあり、川上らにその聞き合わせ、すなわち探索を命じたものである。

不正工作

不正工作の数例をみると、この秋の所務米（年貢米）を上納した百姓について、その上納先を取調べるよう受持郡（こおり）奉行に命じたところ、庄屋や百姓に上納先をごまかしてくれと頼む者、これ迄通り他の人に名前を頼んでおこうとする者、不法に売買した高についてどう処分されるだろうかといろいろ疑念をいだき、片付け方が一向にさばけない者、改正はどうせここしばらくの間のことと考え、ほとぼりがさめてから自分名儀に直すつもりで、高名寄帳の名前を他人に預けておく相談をする者等がいた。また金銀貸付けの利息として高を受取ることにしていながら、所務米は借金をした本高主が収納し、相談の上で貸主が米を受取るとか、あるいは年々の米価で代銀を受取るようにしようとする者もおり、藩庁との間に虚々実々の攻防が行われた（『追録』）。

また弘化四年十二月には凡下（ぼんげ）すなわち農商等で持高や抱地を買取っている者について

高一石銭二十貫文

西郷吉兵衛

は、糺明の上すべて高は取揚げ、しかも凡下から買取った高は人を介して買取った場合も含めて取揚げると達した（同上）。次いで弘化五年正月二十七日には受持郡奉行以下、山見廻・所役等の地方役人に対し、共に立会って身分違いの者に譲渡された諸郷抱地の値付けを行って申し出よと命じ、あるいは売渡先に不正の取扱いなどがあるかもわからぬと、城下周辺の谷山・伊集院郷については、山奉行と郡奉行に、蒲生・郡山・吉田郷については郡奉行と山見廻にそれぞれ不正工作の有無を糺明させた（『斉興公史料』）。

この正月前掲表の如く高直しの上限を圧縮改正し、二月晦日には高の売買価格を高一石代銭二十貫文に公定、以前にさかのぼって適用した（同上）。

この給地高改正に際しての西郷家と大久保家の対応は対照的である。西郷隆盛の父吉兵衛は当時勘定方小頭で、水引郷の富豪板垣与右衛門から弘化四年十二月十四日と翌年正月九日、それぞれ金百両（銭七百五十貫文）ずつ合計二百両を借りた（『さんぎし』八の二）。これについて高の暴落を好機とした吉兵衛が、初め百両借りて一石十二貫文ぐらいで買入れ、その後藩が二十貫文に公定したためあわてて百両を追加借りしたと説かれている（勝田孫弥『西郷隆盛伝』）。

ところが㈠高の公定は二月であり、㈡十二貫文で百両分買入れたとすると六十二石五斗になり、㈢二百両全額二十貫文で買入れると七十五石となる、㈣しかし西郷家弘化四年八月の持高は四十七石で、㈤それが改正後の嘉永二年八月には四十一石余となっている（『西郷家万留』）等から、この伝説には多くの疑問があるが、吉兵衛がすこぶる早く改正に対応したことは事実であろう。しかも吉兵衛は職掌柄嘉永二年五月二十六日同役坂元九郎右衛門らと共に、給地高改正による「御買入等相成候給地高申受取調掛」を命ぜられ、一切が終った翌三年十二月十五日芭蕉布二反・金子百匹の賞賜を受けている（『新納久仰雑譜』）。

大久保利世

それに引きかえ大久保利通の父利世は、弘化四年十二月二十一日税所本然にあてた書簡の中に「この節は福一方大込（困）り、我々敷（しき）はいたくもかゆくもこれ無く候」（勝田孫弥『大久保利通伝』）と極めて冷然とした傍観者的対応を示している。ともかくもこういうエピソードを交えながら改正が進められた。

改正期限延期

しかしその進行は決して順調ではなかった。初め弘化五年三月限りと達せられていた高直しの出願は、三月二十八日になって翌四月十五日まで延期を余儀なくされた。しかしその四月、寄合並以上で現高百五十石以下の者には本高と合わせて百五十石限り、寄合並は前条同断百石限りの過上高の払下げを指示して、持高が不足して軍役負担の危ぶまれる者の存在を解消しようと努めている（『追録』）。同時に寄合並以上並びに小番・新番・小姓組の次男以下の別立は、本家持高のうちより五十石、与力は五石以上、そして郷士より小姓組への養子成りの際の所高（諸郷所在の高）持越しも五十石以上と分地高を指定しているのは、知行高五十石を軍役負担の最低基準として設定したものと解されている（黒田『給地高改正』）。

伊地知季安

　難航の中にも給地高改正は進められたが、その過程で例えば嘉永元年四月二十五日、使番兼記録奉行平川宗之進が造士館助教に降職されたのが、「禄高売買違背ノコトニヨレリ」（『斉興公史料』）というような処分がいろいろあったと思われ、これが調所の不評・失脚の重要な一因となったことは否定できまい。平川降職の日、薩藩考証史家として著名な伊地知小十郎季安が、記録奉行添役・薬園奉行勤・軍役方取調掛に任命されている（伊地知季安『日記秘要』）。季安は以前軍役方掛であったが、今度は取調掛になったもので、さらにその後五月二十二日軍賦役に転ずる。季安はかつて近思録崩れに連座して、喜界島への遠島処分を受けて以来四十年不遇をかこっていたのを、軍役方掛に任命される五日前の十月一日、調所がその含みをもって徒目付に取立てたものである（同上）。季安と親交のあった海老原清熙の進言によるものであろう。

4　軍事組織の改革

斉興巡見

この間嘉永元年二月三日から十八日迄の十六日間、斉興は蒲生(かもう)・国分・福山・末吉・岩川・志布志・柏原(かしわばる)・高山・大姶良(おおあいら)・小根占(こねじめ)・大根占・垂水(たるみず)・桜島等の隅日二洲を巡見、各郷の盛衰や農政及び道路の便否等を視察すると共に、各郷で操練または海岸砲台の発射あるいは砲台築造を命じた。特に六日福山郷牧場においては、新古大小砲術の試射及び隊伍の調練を見分した。同日用いた銃砲種は、五十斤臼砲一座、十六斤臼砲・十五吋(インチ)忽砲各二座、二十四斤野戦重砲・十八斤同・十二斤同・六斤同各二門、七百目野戦砲十門、五百目同十五門、小銃隊十二隊（ゲベール銃、城下六組各二隊ずつ、人員一隊九十六人）及び和式天山流銃隊（銃手百二十人、十匁火縄銃）、同流百目野戦砲六門であった。その後洋式銃砲手五十余人だけを率い、志布志・大根占・小根占等の海浜で、大小銃砲の演習を行わせた。従来藩主の領内巡視は名勝地や神社仏閣巡りが主で、「今回ノ如ク兵士ヲ従エ各所ニアルイハ操練アルイハ文武ノ試業ヲ催シ玉イシハ、実ニ前代未聞ノコトナリキ」（『斉興公史料』）という。かつての弘化二年の菱刈・真幸日向地方巡視に引続き、勧農方のみならず外交的危機への藩主的対応であり、もちろん調所は二回共随行して斉興を補佐するところがあった。

和洋砲術実験

さらに同年三月二十六日谷山中之塩屋で和洋砲術の実験を行った。洋式砲は二十四斤・十八斤・十二斤・六斤砲各一門、五十斤・十六斤臼砲各一門で、十二町（約一・三キロ）の地に標的を立てて遠的射撃を試み、古式は天山流の新製一貫目砲一門を鉛弾を用いて射撃させ、次いで新古銃隊の調練も試みた。名代島津久光をして代覧させ、一門その他調所はじめ軍事に関する大小の吏員すべて臨場した。これは軍賦を改正し銃砲隊を一変しようとしても、各流派があって一定の制を定めることが困難なため、遠射を行って優劣を試み衆に示そうとする意図であった（同上）。

異国船掛廃止

軍役奉行・軍賦役

軍師廃止

一方給地高改正にも一往の見当をつけた調所は、いよいよ軍事組織の一元化とその充実に着手した。まず五月十九日家老川上近江を軍役掛とし、二十二日異国船掛を廃止し、兵具方・宗門方掛・唐船掛等異国船掛の所管事項をすべて軍役方に移し、かつ軍役方に軍役奉行・軍賦役を置いた。そして軍役奉行に得能通古、軍賦役に安田助左衛門・税所七郎右衛門・田中清右衛門・伊地知季安・法元六左衛門・野元源五左衛門の六名を任命、次いで六月二日軍役方役座を異国船掛の跡に移した（同上）。また二十二日軍師も廃止し当時の軍師園田与藤次は同日用人に転役となり、またこの五月から六月にかけて当時の甲州流軍学師範家古流田中清右衛門・右松十郎太と新流園田与藤次の三家は共に師範家を返上した（『安田日記』）。

こうしてさきの給地高改正の成果をも踏まえた上、八月十八日御先代様御作法を基本とし、なお用捨斟酌（しんしゃく）を加えて軍役人数賦（づもり）（編制）を次のように定めた。

軍役人数賦

㈠知行高百石に付き従卒二人、都合主従三人の出役

㈡百石に余り一人前に満たない端数や、一人前に足りない小高の分は蓄えておいて、小高や無高士に配当、出役を申付ける

㈢高持が病気や幼少で出役不能の者、または寺社領高も前条同様

㈣陣中飯米は五十石以上は三十日、四十九石から三十石迄は二十日飯米自給、二十九石以下は御物（ごもつ）お構い申付けるので、かねてその心得で用意せよ

㈤寄合並以上無格小番以下すべて高二百五十石から、ふだん馬一匹を用意せよ、千石より二匹、千五百石は三匹、万石迄もその割合で準備せよ、役料高も自高同様

㈥側役以上並びに地頭所拝領者は、持高二百五十石以下でも馬一匹ずつ

㈦江戸・京大坂留守居・納戸奉行・物頭・使番は時により軍役の節一隊の物主等

諸郷御備組一手人数賦　嘉永元年8月18日（『軍賦史料稿本』参照)

<table>
<tr><th>区分</th><th>士</th><th>足軽</th><th>夫卒</th><th>計</th><th>騎乗者</th><th>兵器</th><th>備考</th></tr>
<tr><td>物主</td><td>二</td><td></td><td>従卒二・夫六</td><td>一〇</td><td>二</td><td></td><td>城下士</td></tr>
<tr><td>旗持</td><td></td><td></td><td>夫四</td><td>四</td><td></td><td>旗二</td><td>紋付、下に郷名</td></tr>
<tr><td>組頭</td><td>六</td><td></td><td>従卒六</td><td>一二</td><td></td><td></td><td>郷士</td></tr>
<tr><td>什長</td><td>六</td><td></td><td></td><td>六</td><td></td><td></td><td>右同</td></tr>
<tr><td>使役</td><td>四</td><td></td><td></td><td>四</td><td></td><td></td><td>右同</td></tr>
<tr><td>医師</td><td>二</td><td></td><td></td><td>二</td><td></td><td></td><td>右同</td></tr>
<tr><td>鉄砲士</td><td>六〇</td><td rowspan="2"></td><td rowspan="2">夫二五</td><td rowspan="2">一一五</td><td></td><td></td><td rowspan="2">(注)得道具とは鎗・弓矢・太刀等の武具</td></tr>
<tr><td>得道具士</td><td>三〇</td><td></td><td></td></tr>
<tr><td>貝太鼓役</td><td>四</td><td></td><td>夫四</td><td>八</td><td></td><td>太鼓二 貝二</td><td></td></tr>
<tr><td>御目付</td><td>一</td><td></td><td>従卒二・夫一</td><td>四</td><td>一</td><td></td><td>城下士、乗馬はその郷より出す</td></tr>
<tr><td>郷横目</td><td>一</td><td>一</td><td></td><td>二</td><td></td><td></td><td></td></tr>
<tr><td>賄方頭取</td><td>四</td><td></td><td></td><td>四</td><td></td><td></td><td></td></tr>
<tr><td>玉薬方頭取</td><td>四</td><td></td><td></td><td>四</td><td></td><td></td><td></td></tr>
<tr><td>賄方主取夫</td><td></td><td></td><td>主取夫五</td><td>五</td><td></td><td></td><td></td></tr>
<tr><td>玉薬方主取夫</td><td></td><td></td><td>主取夫五</td><td>五</td><td></td><td></td><td></td></tr>
<tr><td>合計</td><td>一二四</td><td>一</td><td>六〇</td><td>一八五</td><td>三疋</td><td>旗二本 太鼓二 貝二</td><td>郷士一二二人（半手郷士は六一人）</td></tr>
</table>

の騎馬役を勤める身分であるから、二百五十石以下でも成るだけ馬を用意せよ

(八) 寄合並以上は登城の節乗馬のことは安永二年の仰せ出しの通り、ただし留守居以下は乗馬登城は遠慮せよ（『斉興公史料』）

と持高・家格による人馬・食糧の負担が明示され、かねてその心得で準備するよう達せられた。

と共に八月から九月にかけて長崎表、山川等の西目、佐多等の東目海岸への異国船渡来の際の城下士の物主（隊長）その他としての出動割当を定めた（『追録』）。また諸郷については御備組（おそなえぐみ）一手人数賦を別表の如く定めた。

御備組一手人数賦

そして例えば西目一番御備は「出水五手、野田半手、高尾野一手、羽月半手合計四ヵ郷七手」という如く、数郷を組合わせた上、郷の大小による動員数を定め、西目五十四手半、東目四十五手半を割当て、別に私領四十一手を準備した。そして西目繰出しの時は出水・野田等の兵が先頭になって出動、東目国境の高岡等の郷兵は残留させ、城下兵が中心となり、私領兵はその時の状況によって使用するという計画であったという（『軍賦「編成、附動員計画」史料稿本』）。

以上の人数賦等を布達すると調所は三日後の八月二十一日、斉興の参勤に随行して鹿

児島を離れ、十二月には江戸で急死する。したがって調所の関与した給地高改正・軍制改革はこれまでであるが、調所死後嘉永二年（一八四九）五月から七月にかけて給地高の改訂が行われた。

嘉永二年改正

要点は㈠一たん蔵入高としていた身分違いの者への売渡高も郷士の希望者に払下げること（五月）、㈡没収ないし買入れで蔵入高としていた高頭二万二百一石余のうちから、高三千石を窮士二百人の撫育費（ぶいくひ）「窮士御救い差分高」とした（六月）、㈢持高五十石以下の小身無高士に対し、同じく高五千二百石を放出して三百人に限り自分高とさせた（七月）、㈣寄合並以上の大身分に対しては高三千二百七十一石余を、一石当り二十貫文で、また高二千五百五十二石余を役料高所務米差引きでそれぞれ払下げた（七月）。このため五月十一日大番頭勘定奉行勤新納久仰以下に「給地高御改正ニ付キ、御買入レ又ハ御取揚高申シ請ケニ付キ取調掛」を命じ、これが完了するのは翌三年十月である。その間同三年八月上士分限高を改正するのは前述の通りで、これらの手直しが「笑左衛門死後ニ相成リ候得共、色々批判等モコレ有ルヤニ聞コエ候ニ付キ」という趣旨からのものであるが、調所の意志とどう関連するかは明言できない（『新納久仰雑譜』）。

七百石加増

調所略歴の中に年号・理由共に不明で高七百石加増のあったことが記されている（『顛末

書』)。恐らく弘化四-五年の軍制改革等の成果に対する賞賜ではないかと思われる。参考として考えられるものに、嘉永元年十一月二十六日の海老原清熙の高五十石の拝領がある。理由は領内百姓が疲弊して離散者が多く、年貢上納御高格護も整わぬようになったが、調所に従って諸郷回勤、栄労見分の上百姓立直りの趣法をつけ、「離散者共追々帰参、その外御新田・新塩浜開発、古荒引起こし方等取扱い致すべく仰せ付けられ(中略)又近ごろに至り候ては上見部下り、延米(のべまい)不納等も相やみ、門割にも及ばず百姓離散者共多く立帰り候時宜に成立ち」と、主として近来の農政改革の功を賞したものである(『追録』)。調所についてもさらに給地高改正・軍制改革についての賞賜が当然考えられるもので、時期も海老原と相前後したころではなかったろうか。しかし間もなくの調所急死により、加増事実以外一切不明になったものであろう。これを加えると調所の持高累積は少なくとも二千七百五十石となる。給地高改正で一般に高上りを制限されている当時のこのような加増は、また一段と調所非難の材料を加えたことであろう。

調所改革の意義

しかしともかく当面の琉球の外交的危機に対する防衛体制はこれで整ったわけである。その後慶応三年、明治二年等に軍制改革が行われるものの、それはすでに幕府倒壊寸前または倒壊後のことであって、調所時代との開きは激動期の二十年を数え、その間兵制組織面での軍制改革は行われない。そして安政・文久期の外交的危機への対処は、専ら調所路線を基調とし、それに斉彬の行った洋式軍事技術の改善、すなわち兵器面での改革を上乗せして対応したものということができる。特に文久三年の薩英戦争という、日本人が初めて直面した西欧資本主義国との対外戦争を体験した後の改革と、調所時代とを単純に比較することはできず、調所の軍制改革が幕末日本に一定の役割を果した意義を、軽視することはできないであろう。

五　唐物貿易の拡大をはかる

以上のほか調所改革の一翼を担ったのが、唐物貿易の拡大ないし密貿易である。調所はすでに早く両隠居続料掛として唐物貿易にかかわり、文政八年唐物十六種の長崎での販売権を獲得していた。しかしそれは文政十三年(天保元)までの五年間の期限付きで、折しも財政改革に手を染めていた調所は、みすみすこの既得権を放棄する気はなかった。そこでさらに以後十年間の期限延長を工作して五年間の延長を認められた(『差止一件文書』)。天保元年五月薩摩藩から長崎蔵屋敷産物方御用聞に任ぜられ、十五人扶持を与えられた石本平兵衛への、薩藩長崎聞役帖佐彦左衛門からの達書に「唐物御商法ニ付キ唐商苦情申立テ候一件並ビニ御年限継ギ・御品替エ御願イ立テニ付キ、抜群骨折相勤メ」とあるように、年限延長工作に石本を利用したので

文政十三寅年八月

日記

藤原廣郷

調所広郷日記

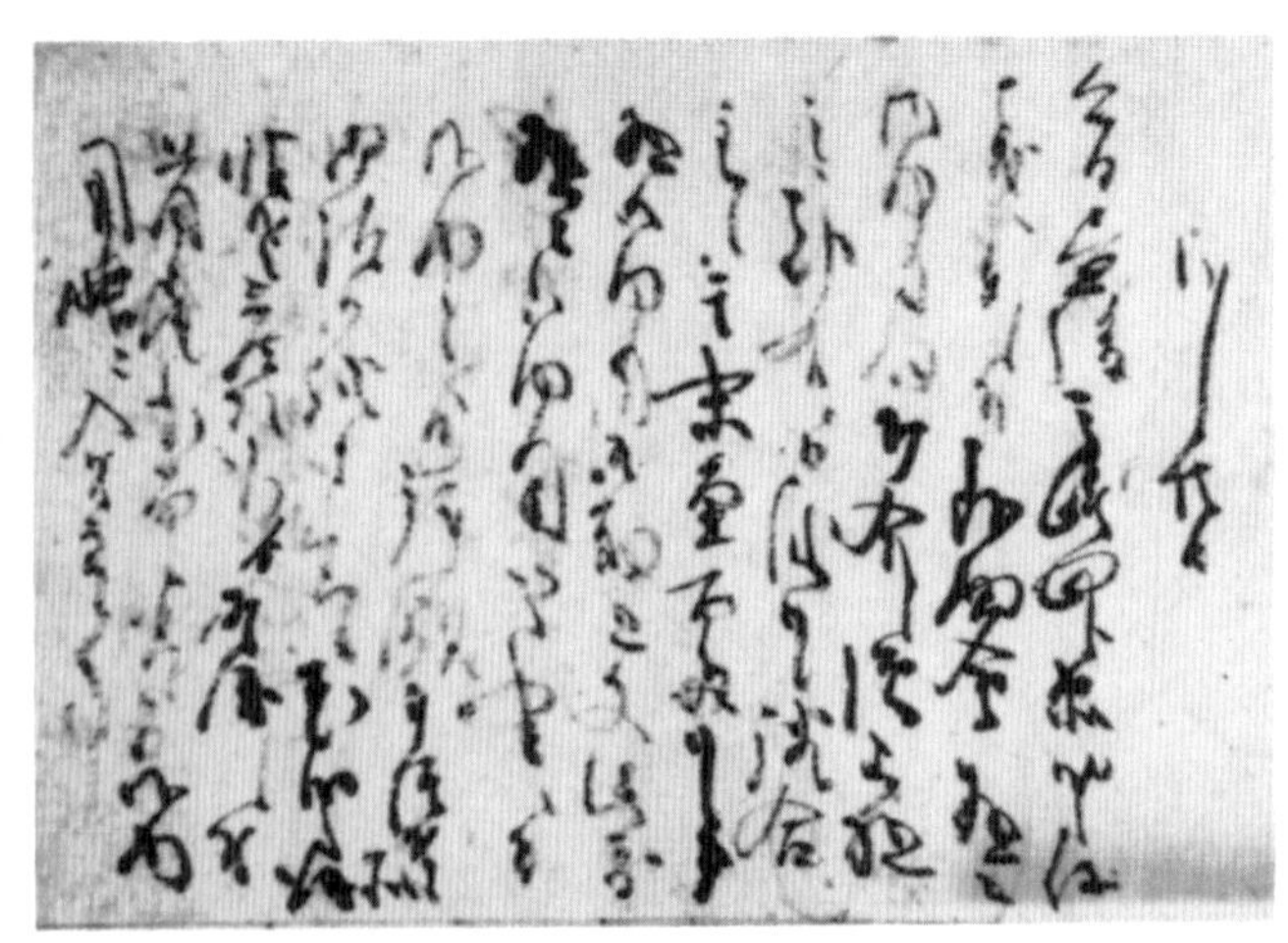

ある（黒田安雄「画策」）。

調所は同年八月長崎で町年寄高島四郎兵衛と要談をすると共に、高島・石本にそれぞれ細上布二反その他を贈った。また紅毛船（オランダ）を見物、四郎兵衛の子四郎太夫（秋帆）の来訪を受け、高島・石本から贈物を受けている（『調所日記』）。断片的ながら調所自ら記す長崎工作の一面である。

石本は天領天草の掛屋で、文政元年長崎に出店を出し、文政五年唐紅毛貿易の入札株を獲得、文政六年薩藩御用商人となっていた。当時薩藩の琉球唐物は「長崎へ出シ幕ノ手ニテ入札シテ、ソノ代金速カニ下ケ渡シニナラズ」（『家記抄』）ということから、石本はその出後れ金の一手引受人になっていた。そして天保三年月三朱の利息で銀二百貫目を薩藩に調達し、加増されて八十人扶持を与えられた。

唐物販売の延長年限も天保六年で満期になる。ところが天保四年重豪が死に、また薩藩に大きな肩入れをしていた老中水野忠成辞任のうわさがあった（天保五年二月退役）。だから調所は長崎における藩の立場が不利になるのではないかと心配した。ただ水野について調所の見解では、「唐物（貿易）和製（砂糖）一件等ハ」水野は余り薩藩のためにならずむしろ邪魔だから、退役は幸せだとする。しかし長崎奉行大草高好も転役に相違ないが（天保四年五月小普請奉行へ）、その後任に藩主斉興の弓の師匠で目付筆頭の佐橋市左衛門をすえるよう、斉興のお声がかりで運動して成功したら渡りに船だと思うとし、自分が今度帰国途中長崎に立寄って「地役人共をたゝき廻し候はゝ一言はこれ有る間敷と存じ申候」と強引な工作をやる決意を表明している（天保四年四月十八日浜村宛書簡）。

長崎奉行の後任は渡りに船という調所の思惑通りにいかず、天保四年六月二十日大坂町奉行久世広正が就任するが、ともかく翌五年今度も石本を利用、二十ヵ年の唐物販売期限再延長を願い出た。工作は功を奏して同年六月願い通り内諾を得た（武野要子「薩摩藩の琉球貿易と貿易商人石本家の関係」『薩摩藩の基礎構造』、以下「石本家」と略称）。

それについて後任の長崎奉行久世は天保六年四月、長崎会所調役はじめ町年寄・会所役人どもに薩州家から格別に扶持（ふち）まで給与するという厚遇を与えているから、めいめい自分一個の利欲を貪って何の故障も申立てなかったのだと指摘している（『差止一件文書』）。しかし薩藩聞役奥四郎によれば年限延長請願の時は、久世も「過斤」（制限外数量）を許可して便宜をはかっている（武野「石本家」）。ともかくこのころの会所役人達は調所にたたき回され、調所の自家薬籠（やくろう）中のものになっていたのである。調所の最も得意とし、かつ苦心したところである。

ところが天保六年三月老中大久保忠真が薩藩の密貿易に関する「風聞書」を、勘定奉行土方勝政・長崎奉行久世らに下達するに及んで、薩藩唐物貿易に対する幕府の態度は大きく変りはじめた。また唐物販売も思うように伸びなかったらしく、例の石本平兵衛の動きがおかしくなった。上方に上っていた石本について、調所はこの天保六年閏七月十日付書簡で浜村に次のように書き送った。

石本と申すまたくらの膏薬まかり有り候に付き、一向油断相成り申さず候、長崎御商法このごろにては行届かざる様成立ち候に付き、これを崩し逃げたき心持と相聞こえ申候間、御油断下され間敷、私掛念はこのことに御座候

と、石本が薩藩御用聞でありながら天保五年二月幕府勘定所用達に任ぜられたことを警戒している（武野「石本家」）。しかも石本は薩藩唐物貿易とのかかわりから逃げ出したい心境らしいが、まさか恩をあだで返しはすまい。しかし調所を追払う策を弄するのではないかと心配している。

しかも石本の薩藩への支払銀が二千貫目も焦げついているらしく、それは「細長く取り候より外にいたし方」はない。また浜村の貸金も取返せないだろうから、石本と手の切れないようにしなければといい、ともかく切り離さないで、

公儀御役方等へ極く内申入れ事は同人に働かせ候わば、この御方（薩藩）御ためには相成り候儀と存じ申候（同上）

と一応石本の利用価値を認めて、こちら側につないでおくことを提言している。

水野忠邦薩藩の唐物販売停止

しかし天保六年から七年にかけて土方・久世らの上申書や取調書等が次々に出され、天保八年六月老中水野忠邦は遂に二年後の天保十年を期しての長崎での唐物販売停止を決め、薩摩藩にその旨を諭達した。会所貿易建て直しをはかろうとする幕府天保改革の一環とされる（上原兼善「藩貿易の展開と構造」『日本史研究』二一五号、以下「構造」と略称）。

薩州船松前で俵物密売

幕府側のいうところはこうである。近年鹿児島をはじめ薩藩領内の島々に唐船が寄航して唐物抜荷が盛行、その上琉球国海路の島々では異国船と交易するのをはじめ、朝鮮にも薩州船が往来しているらしい。また松前産の煎海鼠が越後で薩州船に密売されるだけでなく、直接薩州船が松前に出向いて昆布・煎海鼠・干鮑を密売しているらしい。一方天保六年越後で難船した薩州船には、唐薬種類が積まれていたとの代官報告もある。特に薩藩の取扱う免許品十六種の唐物は、長崎会所の公式輸入唐物より品質が勝れ、そのため会所唐物の価格は下落し、これらもろもろの事情が会所貿易不振の重要な一因をなしている、というのである。

藩は否定したもののこのような薩藩密貿易に対する強い疑惑があり、それが会所貿易に重大な悪影響を与えるということが、薩藩唐物貿易停止を命ずる大きな理由であった。天保七年薩藩では、微妙な立場に立った石本平兵衛の御用聞を免じて御用頼に改役し、三男兼次郎を御用聞に命じ五人扶持を与えていた（武野「石本家」及び黒田安雄氏による）。

幕命を受けた薩藩では、折角二十年間保証を取付けて安心したところでもあり、やすやすと幕命を受入れるわけにはいかない。早速天保九年三月、同閏四月と立て続けに停止命令撤回を求める訴願を行い、停止が発効する十年にも歎願を続けて、工作の手を大奥にまで伸ばした（『差止一件文書』、上原兼善「構造」）。

薩藩ではこの停止措置により琉・清・日の関係断絶の危機が生じ、琉球の国内感情の悪化を招き、その上かえって抜荷が増大する可能性のあることを指摘すると共に、天保九年の封王使の受入れ及び二年後の将軍家慶（いえよし）就職の慶賀使派遣にもひびき、幕府の御威光にもかかわるのではないかとして、幕府の譲歩を迫った。弱みを突かれた幕府は結局天保十年三月十一日薩藩の要求は却下しつつも、その代償として十一年より向う三年間金五千両ずつを、琉球国救助の名目で薩藩に下付することを達した（『斉興公史料』）。さらに天保十二年調所は琉球中山王の『唐物商法再願』の願いに一段と力を得て、遂に九年の売れ残り品と十年分の唐物販売の許可を、販売業務を会所の所管とする条件ながら獲得した（中村質「長崎会所天保改革期の諸問題」『史渕』第一一五輯）。

結局幕府の停止措置を容認せざるを得なくなったものの、薩藩は決してそれで引込みはしなかった。否むしろそれを機に薩摩琉球国としての反幕自立化路線を明確にしはじめるのである。五千両の援助金下付の終った翌々弘化元年一月、調所は、

唐物方廃止

> 去ル亥年（天保十）より唐物商法　公辺御差支えの廉（かど）これ有り、御差留め仰せ渡され候ところ、琉球の儀は和漢通商の利潤をもって立ち行き来り候国柄故、度々御願い仰せ立てられ候得共御取揚げこれ無く、これによりこの節唐物方引払い仰せ付けられ候、この旨承るべき向々へ申渡すべく候

として、一応これまで唐物販売事務を管掌してきた唐物方の廃止を達した（『続常不止集』）。

琉球産物方設置

そうしながら同じ一月十二日調所は島津久宝・島津久風との連名で、築地茶屋内への琉球産物方の設置を令達した（同上）。調所の功妙なやり方で、表面唐物方を廃止したように見せかけて、その実琉球救助の切り札を前面におし出すことによって、唐物販売の復活をはかろうとしたのである。

その復活工作は着々効を奏し、弘化三年以降五年間の白糸・紗綾の販売認可を引出した上、さらに閏五月従来の十六種について銀高千二百貫を限り五年間の販売を認められた。ただ十六種のうち大黄・甘草・山帰来・蒼朮・爪鼈甲の五種は代品を申出よとされた。しかし五種の代品となる品目がなく十一種では琉球救助も届き兼ね、一方外交問題に巨費を要し、琉球からもこのような変更は清朝に対し不都合であるとの申出があり、さらに五種目免許を請願した（上原兼善「構造」）。

唐物販売権復活

一方調所は琉球外交問題処理のなか、前述の如く密かにこの五種をフランス貿易にからませて持込もうとの作戦を進めた。合法・非合法の両面作戦を展開したもので、後者は琉球の拒否にあって行き詰まったが、結局幕府は翌弘化四年八月五種目変更のことを撤回した。ただし爪鼈甲は認められなかったようで、結局犀角・虫糸・竜脳・沈香・茶碗薬・象牙・硼砂・木香・阿膠・蒼朮・桂皮・甘松・甘草・大黄・山帰来の十五種が認可された。天保十年の停止以来七年、薩藩は再び唐物販売権を復活したのである（同上『県史』）。

これには再任していた老中水野忠邦の退役（弘化二年二月）と琉球外交問題発生という政治的背景があり、調所がそれをフルに活用して請願を続けたからで、調所はその功によ

唐物貿易の品目と利潤

唐物商法利潤

年　代	長崎商法利潤	内用薬種利潤	琉球産物本手品利潤	合　　計
	両 歩	両 朱	両 朱	両 朱
弘化4年	5,463,3	1,535,32	6,643,20	13,643,02
嘉永元年	8,163,1	1,615,00	6,432,20	16,210,30
同　2年	3,348,2	9,337,22	5,149,12	17,835,20

(『琉球産物於長崎払立并本手品利潤総帖』より)

り弘化四年八月銀五百枚の賞賜を受けた(上村文書)。それから十七年後の文久二年、国父島津久光が公武周旋のため出府中、藩は十六種だけでなく「何品によらず」と全唐物の自由貿易を願い出るが、幕許は得られず(海勝舟『開国起源』『官武通紀』第二)、事態は調所時代から一歩も前進しなかった。幕府倒壊五年前のことである。

再開許可後の弘化四年から嘉永二年までの、調所死去前後三年間の唐物貿易に関する藩史料(『琉球産物於長崎払立并本手品利潤総帖』『琉球産物御本手品御下高於琉球御払立差引御余勢銀総全』)でみると、貿易品の内容・利潤等はおよそ次のようであった。

まず輸入品をみると、長崎で販売する琉球産物以外に、御内用品と称して別に唐薬種類を輸入し、領内販売で相当の利潤をあげ、特に調所死去の翌嘉永二年など長崎での販売利潤を大きく上回るほどであった。

一方琉球産物本手品(代物すなわち輸出品)の品目は、現地産の琉球米をはじめ昆布・茶・繰綿・筋干藻・指宿煙草・種子油・荏子油等で、諸色が重要な地位を占めていた。特に北海産の昆布が富山売薬商人のお礼昆布一万斤を含めて、ほぼ四十万斤から五十万斤、銀にして二百貫目から三百貫目近く販売されて、幕府の輸出額にほぼ匹敵し、時としてそれを上回っていた可能性もある（上原兼善「構造」）。唐物貿易再開後三年間という僅かの期間の実体であるが、藩の得た唐物商法の利潤は別表の通りで、年平均一万六千両近くに及んだ。

もちろんこの唐物商法については、余り利益にならなかったとする海老原の記述もある。海老原はその理由として、極めて長日月と手数を要し、代金も速かに下げ渡しにならず、失費が多かったことをあげ、あるいは長崎奉行において会所貿易に妨げにならない品目だけを免許したので利潤も少なく、かつ出願の時には贈遣が多く、その入費を計算すれば損失となるともいっている（『家記抄』）。事実天保五年の年限延長の運動費は三千両を上回ったといい（武野「石本家」）、上述の利潤は弘化年間再開後のもので、それ以前の長期間の収支を知り得ないことから、海老原の言にも一面の真実があるかもしれない。

しかし以上に取上げたものが藩唐物貿易の全容を示すものではなかろう。例えば清国福州の海関監督の報告（周益湘「道光以後中琉貿易之統計」『県史』）にみる清国・琉球間の輸出入品と、前述の薩藩史料にみえる品目・数量等の間に大きな相違がある。この報告による輸入品をみると、唐薬種類をしのぐものとして一位を日用品・文房具、二位を毛織物製品が占め、輸出品では昆布・煎海鼠(いりこ)・鱶鰭(ふかのひれ)等の海産物が主である。このことから、長崎商法とは別の唐物商法の道があったのではないかと考えられる（上原兼善「構造」）。

私貿易

しかしそうはいってもこの両者は共に一種の公式ルートの貿易内容を示すもので、実際にはさらに別途の海関を経ない私貿易の展開も考えられる。例えば天保十一年四月長崎会所の小通事神代徳次郎が、高島秋帆に出した唐商たちの見聞書に、

> 唐国において琉球船より煎海鼠・鮑(あわび)・昆布類など積渡し商法つかまつり候儀は、官府よりの免にこれなく候えども、漂流の名目をもって一ヵ年およそ四五ヵ度ずつも、福建辺の湊口へ積回し来たり候（同上）

とあるのは単なる中傷ではなく、一面の真実を物語り、種々の理由を設けて進貢・接貢以外の船が派遣されていたものであろう。

密貿易ルート北国筋

このように輸出禁制品である昆布を中心に大量の海産物が輸出され、しかも公認品目以外の唐物輸入が行われ、明らかな密貿易の現実があるが、その有力な流通市場の一つに北国筋がある。

海老原は唐物貿易のやり方について、

琉球ヘモソノ局(唐物方)ヨリ渡海シ、年々何品々々ヲ買渡ルベシト注文、ソノ資品ヲタトエバ当年大坂・下ノ関諸所ヨリ買下シ、各下リ船ヨリ琉球ヘ下シ、琉人ヨリソノ品福州口ヘ琉船ヨリ渡シ、翌年ノ夏琉球ヘ帰リ、秋鹿児島ヘ積登ルモアリ、品ニヨリテハマタ翌年ニ登ルコトモアリ(『家記抄』)

と記し、国内で大坂・下関の名を明記している。公式ルートとして妥当なところであろうが、このほかの「諸所」の中でかくれた有力ルートとして北国筋が注目される。

松浦静山は文政九年のこととして、越前の船主たちが松前産昆布の薩摩藩への送り込みに介在していたことを伝えている(『甲子夜話続編』)。また前記輸出品の王座である昆布の中に、富山売薬商人のお礼昆布というのがあったが、かれらは薩摩唐物密貿易の仲介者として重要な役割を担っていた。

富山売薬商人

富山売薬商人は天明年間以前から薩摩領内での行商を許され、すでに薩摩組という組織もできていた。その後行商の停止・解禁を繰返し幾多の曲折があったが、行商人数は十三人脚から二十二人脚、二十六人脚と増加した(『県史』)。一方藩に対する冥加(みょうが)・運上についてはポ談定法を定めて上納したが、前記のように弘化年間には文政元年のポ談定法にはみえない「お礼昆布一万斤」の上納が義務付けられていたようであり、藩唐物貿易の展開過程で富山商人との結びつきが緊密化していったもののようである。

特に富山商人支配を委ねられていた鹿児島町年寄木村与兵衛が、嘉永二年一月十六日薩摩組仲間に調所の死を知らせた次の書状は、富山商人と調所との関係を雄弁に物語る。

当所ニモ相替リ候儀モ御座無ク候得共、御案内ノ御家老調所様御コト、江戸ニ於テ去ル十二月御逝去ニテ、先日相知ラセ、就イテハ御仲間方コレ迄不時御心配ノ節ニモ、右ノ御方様イヨイヨ汲ミ受ケ下シ置カレ候ニ付キ、違変ノ儀モ御座無ク仕合ワセニ御座候トコロ、コノ末イカ様ノ御吟味モ到来ツカマツリ候ワント計リ難キ儀ニ御座候（『富山売薬業史史料集』）

と、これまで薩摩組仲間に心配事が起こると、調所がうまく処理してくれて違変もなく幸せだったが、これから先きどうなることかと心配している。

しかも例えば嘉永五年六月二十六日付の富山鳥羽屋五左衛門外七名から、木村喜兵衛・与兵衛親子宛の書状には、栄福丸の船頭が松前や越後新潟表に行ったこと、昆布を注文したこと等が記されて、富山商人、船頭たちによる北海産海産物の入手ルートを明確に教えてくれる（同上）。ということは逆に唐物の北国への移出もありえたと考えられるのである。松浦静山が天保三年の琉球使節江戸上りの件を記した「保辰琉聘録」(『甲子夜話続編』)には、薩摩船が新潟その他の港に唐物を積んで来て、それが越後国奥地にまで販売されていた話を伝えている。

すでに早く文政九年三月富山合薬上縮役(ごうやくうわじまりやく)清水伝四郎が薩州組年行司にあてた達書の中に、文政四年長崎会所から唐物抜荷の嫌疑をかけられて、証拠のないことだといいつつも仲間一統で莫大な出銀を余儀なくされたとしていること(『富山売薬業史史料集』)、また前述の天保六年幕府老中が手にした風聞書に、抜荷品は北国筋越後辺へ送り込まれているとあること等は、そのことを裏書きするともいえる。しかも薩摩組仲間が薩藩からしばしば相当の借銀をしていることは、北国筋との密貿易ルートが薩藩の出資で支えられていたことをも物語る。この密貿易に調所が大きく関与していたことは、前記木村与兵衛の書状でみる通りであり、調所が密貿易を含めて唐物貿易を財政改革の一環にすえていたことは明らかである。

しかも当時すでに藩製薬事業を推進して、その中に富山売薬商人をも組み込もうとする方向がみえはじめていた。調所はすでに天保七年国産薬種の仕向きを改め、十年秋には銀百貫目余の利益をあげたとする(『手控』)。

上野俊之丞

製薬館

その間天保八—九年長崎から上野俊之丞を招いて製薬技術を学び、天保十三年製薬方、弘化三年製薬館を設けて合薬（ごうやく）の試みを開始、嘉永元年夏ごろから領内への合薬入付けを行った。諸郷への入付け差配は木村与兵衛にゆだね、調所死後の嘉永三年、領内への合薬入付けはすべて製薬方を通じて行うことにし、富山商人たちをその末端に組み入れて、かれらを藩営製薬事業に直結することにした（『市来四郎自叙伝』、上原兼善「構造」）。初め合薬入付けが琉球産物方の支配であったことから、その薬材が輸入唐物であったことが推測され、一方中国から琉球への主要輸入品の中で薬材が大量を占めていること（周益湘論文）等から、藩営製薬事業の推進は、唐物貿易を領内商品生産に結びつけようとする一つの試みであったといえるが、嘉永四年（一八五一）斉興の隠居、天保改革派の全面的後退によってこの試みは挫折する。ともあれこれは調所路線の延長線上に推進されたものであり、密貿易の展開が藩営マニュファクチュアへの展望をもっていたことが考えられる（上原兼善「構造」）。

第七　悲劇的最期と死後の懲罰

一　服毒自殺

「笑吐血」
大円寺

嘉永元年（一八四八）十二月十九日、調所は江戸芝藩邸西向（西側）の宿舎で死去した。海老原らは病死とするが、斉彬によると「笑吐血（とけつ）」とあり、単なる病死ではなく服毒死というのが真相のようである。享年七十三歳。法名全機院殿敷績（ふせき）顕功大居士。遺体を芝大円寺に葬り、遺髪を分けて鹿児島の玉竜山（福昌寺）中に納めた（「法名録」）。『鹿児島県史』をはじめ一般に調所死去の日を十八日とする。典拠は不明であるが、むしろ大円寺過去帳や調所家位牌（故調所広光氏報）その他（「法名録」「調所木像を納めた厨子銘文・嘉永二年四月海江田綱賀謹誌」『君家累世御城代御家老記』等）に、すべて十九日とあることを採用すべきであろう。

その死去の場所についても『鹿児島県史』は桜田藩邸と記し、斉彬は「笑吐血のこと

調所広郷墓（旧福昌寺墓地。ただし現存せず）

大円寺にてはこれ無く候、宿にてのことに御座候、全く胃血のよしに御座候」（村野実晨宛書簡）と、大円寺といううわさのあったことを記している。斉彬はうわさを否定して宿とし、その宿を『先賢遺芳』（明治四十一年刊）は目黒の橋和屋または藩邸かとする。斉彬は明記せぬが、法名録が「江戸芝邸に没す」と記すように、かねて調所宿舎のあった芝藩邸西向宿舎での死とすべきであろう。前後の事情から調所死去の日時・場所等について、極めて不正確な情報が飛交っていたようである。

また斉彬は吐血・胃血などとただの死に方でなかったことを記し、市来四郎も「当時ノ説ニ幕府ノ忌諱（きき）ニ触レ、自ラ毒薬ヲ用イ病ヲ発シ、不日ニシテ死シタリトイウ」と記して「蓋シ故ナキ説ニ非ラサルカ如シ」（『家記抄』注）と服毒自殺説をとっている。

では調所を死に追いつめた「幕府の忌諱」とは何か。「収賄沙汰」との説もあったらしいが（明治三十九年五月三十一日『鹿児島新聞』所載「偉人調所」）、今日『鹿児島県史』の掲げる密貿易説が通説となっている。しかしその具体的内容は不明であるが、上原兼善氏は弘化三年の琉球の池城親方の渡清にまつわるうわさとする。すなわち同年秋琉球の王舅池城親方安邑（毛増光）及び進貢使耳目官野村親雲上朝宜（向元模）が清国に渡り、在留英仏人の退去並びに開国拒否の斡旋を清廷に懇請し、翌年五月帰国の途についた。この時の池城の復命に清国の地で十万両に匹敵する品々を藩から密輸入するという交渉首尾も含まれていたといううわさである（『鎖国と藩貿易』）。幕府隠密がこのことを探知、弘化四年七月二十八日登城した斉彬は、老中阿部の指示を受けた表坊主星野久庵から、内々にこのことを聞かされたという（八月二十九日島津久宝宛書簡）。

調所はアヘン戦争後清国は英仏等と通商しているというから、そのような清国に退去や開国拒否斡旋を願っても実効のほどは疑問である。殊にフランスのねらいは琉球ではなく「第一日本通商ノ心組」であろうから、下手をすると「御国体ニモ」かかわる難題を引起しかねない。だから間に合うなら池城らの渡清を延期させよと、弘化三年九月国元へ申送っていたくらいであり（『史料』）、しかも池城渡清の許可を出したのは在国の斉彬であるから、調所が池城へ申含めたということに疑問もあるが、幕府は信用したかもしれない。斉彬も「十万両などは虚説にもいたせ、大意は間違もこれ無く候」（久宝宛）とする。

殊に調所が唐物五種の密貿易、さらに広東貿易の構想も進めていたことでもあり、事実それ迄相当の密貿易を行っていたこととて、幕府が何らかの情報を握っていた可能性は十分あり得る。幕府はかねて琉球警備兵派遣員数の偽装工作に感情を害していたところへ、密貿易情報で一挙に態度を硬化させたものであろう。こうして嘉永元年八月二十一日斉興に随行して鹿児島を出発した調所は、恐らく斉興と共に十月十日江戸に到着したであろう。そこへ待ち構えていた幕府の内沙汰があり、調所は窮地に陥った。幕府の厳しい追及に調所は一時病気と称して引きこもり、その鎮静化を待ったが、それもかなわず、さすがの調所も最後の決心をしたということであろう（『遺事』、鎌田正純『東行日記』、『日本歴史』第五一〇号所載拙稿「調所広郷の病死説について」）。

それにしても調所の度重なる警備兵派遣の偽装工作や密貿易構想の推進など、余りにも幕府を恐れぬ大胆不敵な行動ではなかろうか。斉彬すら島津権五郎ら十九人の派遣を一組と届けるのではないかと心配、「誠に恐ろしく御座候」とするのに、なぜ一陪臣に過ぎない調所がそういう恐怖心を持たなかったのか。もちろん露顕を恐れはしたが、それで引下らなかった。なぜであろう。

調所の覚悟

恐らく偽装工作を行う段階から、調所はいざという場合は一身に責めを負う覚悟を固め、自らの生死をかけた行動だったのではないか。すでに齢七十歳を越えた調所にしてみれば、自らの生命に余り未練も残さなかったと思われる。逆に陪臣の気軽さもあったであろう。したがって相談の範囲も狭く、同僚家老にすらすべては明かさず、使者に厳重な口止めを行っての行動だったであろう。斉彬も「御側役計りにもこれ無く、御家老も委敷（くわし）きことは知らず、少々間有りて知ることぐらいのことのよしに御座候」（弘化四年八月二十九日山口定救宛）と、調所の専断ぶりを指摘している。調所専断の事実は否定できないであろう。したがって調所が死ぬと調所への悪評が火を吹いた。

調所への悪評

まず嘉永二年五月山田清安は飛脚便の江戸情報を次のように記す。当時調所に対する悪評が極めて高く、諸家屋敷で悪いうわさをし、調所のことを芝居にしたり扇の絵に坊主の衣装を着せたものもあり、また『三国兼』『調所笑草』などの草双紙も出て、調所のことを諷刺しているというのである（嘉永二年五月十二日吉井宛）。

また国元でも内田某の書いた『毒蛸（どくだこ）変化物語』という諷刺小説があり（『近世薩藩群書一

覧』）、また次のような数え歌も作られた。

一ツとのう　秘事なることは御内用　御蔵の金は蛸壺(たこつぼ)にしずま（二階堂志津馬）るかいな
二ツとのう　二見に出ずる蛸（調所）と海老(えび)　西の海から日がくれて　真っ黒かいな
三ツとのう　みがきあげたるお剣筒(けんづつ)　未練な武士の腰ぬけは　海老尻かいな
四ツとのう　よたれそつねならむうゐの　おく様ばかりの御機嫌に　すいつこかいな
五ツとのう　いずれも人々おもい知れ　金のばちかぶり　蛸海老かいな
六ツとのう　無益な科(とが)はいく人に　落とした罪を身の上に　黒引(ひく)かいな
七ツとのう　なんばん国になぞらえて　七ツの島のなだ（七島灘）めぐり　那覇行かいな
八ツとのう　八ツ屋敷をとりこうて　柳田迄も屋敷並(な)み　内藤（妻の実家？）かいな
九ツとのう　子供だましの古流儀は　かいなき武田の軍立(いくさだち)　亡(ほろ)ぶるかいな
十とのう　とろつくどんと打つ太鼓　馬鹿な男の大尻を　ふらんすかいな（フランス式調練）（『見聞記』『新納時成日記』『幕末の薩摩』）

と。この数え歌について、新納時成は「余り世にうたうを聞かず」と記す。そしてさらに、

一ツたこと和尚からくって　二ツ二人の相談で　三ツ身のよきように　四ツ養子にやり立て　五ツいくらも金がつく　六ツ無理なるやしきがり　七ツ内証からくって八ツやぶれて大さわぎ　九ツこの地におらりうか　十でとがめを待つばかり（『見聞記』）

とか、

一ツ毒蛸道落（楽）海老　二ツ二人が仕業にて　三ツ薩摩は大さわぎ　四ツ余国に恥さらし　五ツ軍はひまついえ（軍事調練）　六ツ無理なる家格下げ（給地高改正）　七ツ難儀は民にかけ　八ツやかまし高一件（給地高改正）　九ツ今度は秩父（太郎、近思録崩れ）まし　十で唐物（貿易）あらわれた（同上）

などの数え歌も作られ、調所・海老原・二階堂の私曲・専横また軍制改革や給地高改正、唐物貿易等を諷刺した。

海老原も、兵学の師も「ソノ変ニ付キ、業ヲ失イ積年ノ労ヲ徒ラニシタル、枚挙ニ遑アラズ」といい、また「一事ヲ改正スレハ、善悪混ジテ喜ブ人モアリ怨ムモアリ、弊ヲ

矯ムレバシタガッテ同ジ」(『履歴概略』)という如く、士民の生活に直接大きな変動を及ぼす農政改革・給地高改正・軍制改革等が晩年に集中し、それに藩主後継問題がからまり、調所の立場を不利にしたことは否めまい。

二　調所と斉彬

調所の権勢

調所の専断が甚だしくなると疎外感を持つ人が多く出る。斉彬こそはその最大の人物である。琉球問題処理のための名代帰国を、斉彬自身「十分のことは出来申さず、誠に空名にて御座候」(嘉永元年五月二十九日山口宛)と記している。フランス貿易については阿部の言もありよく承知していたが、唐物五種の密貿易については斉彬は何も知らされなかったのではないか。『鹿児島県史』はこれを含めてすべて斉彬の密命とし、在番奉行が達したとするが、前後の事情から果してどうか、疑問である。帰国してみて、斉彬は改めて施政二十年に及ぶ調所長期政権の強大さに驚かされたであろう。こうして斉彬はこの帰国中に、斉興調所政権打倒の決意を固めたのではあるまいか。しかも出府後調所や二階堂行健が、ほかに怖い者はないが、ただ斉彬とその大叔父福岡藩主黒田斉溥(重豪の子)

だけが怖いといっていたことを耳にしたことから（嘉永二年正月二十九日吉井宛）、一段とその思いを強めたであろう。

斉彬山口定救を隠密に調所の身辺探索を命ず

斉彬は弘化四年五月十日江戸に着くと、六月二十二日国元往復に随従していて今度鹿児島に転任帰国する山口定救（六月十五日茶道頭より数寄屋頭に）に、隠密を命じた。斉彬はその際「中山（琉球）の儀ニかぎらず、何事ニてもひら（調所、居所平之馬場）辺その外の様子、風聞・実事かまいなく心得に相成り候儀」は細大もらさず申送れと命じ、しかも「残念ニ候えども、ひら辺か又は西田（弥右衛門）・伊集院（平）辺へよく取入り申すべく候、左候て様子承り出し申すべく候」と、残念だが敵に取入って様子を探り出せと指示した。

以来斉彬から山口にあてた書状が弘化四年四通、同五年四通が現存し、ほかに同様趣旨のものが弘化四年は家老島津久宝宛一通、五年伊集院兼直（斉彬側室すまの甥）宛二通がある。山口書状は斉彬が焼却したからであろうか一通もなく、すべて一方通行で十分に意味の分かり兼ねる点もあるが、それぞれ十数ヵ条、多きは三十四ヵ条に及ぶ箇条書きで綿密な指示を与えている。

探索事項

探索事項の第一を斉彬は琉球事情とし、それに調所関係を加えるように書いているが、実際は調所及びその一統に関する事項が最も多く、優に全体の半数以上にも及ぶ。琉球に関しては調所政策の破綻、トラブルの発生を予想していたのであろうか。例えば琉球平穏というのは虚説ではないかとか、池城親方の十万両のうわさはどうかとか、嘉永元年には当年は必ず異国船が来る、そしてたとえ在留仏人を連れ帰るにしても、必ず通信か、広東での交易は承知しても、本国の意向だとして「是非地面求メ、商法取組ミ申べキ旨」の、どちらかの交換条件を出すに違いない。それを調所らは秘密にするだろうから、それを探れと命じている。事実嘉永元年仏船が来航し滞留仏人を連れ帰った。池城らの清国への請願の結果とされるが、必ずしも斉彬の予想した事態は発生しなかったようである。

調所関係の探索事項は誠に微に入り細をうがち、執念深さを感じさせるほどである。調所の持高・所持金や屋敷取添え、家作の出来具合等の身辺事項から、調所・海老原の専横、調所らに対する諸士・百姓・町人の人気、島津久宝・同壱岐・同石見・末川久馬らの家老と調所との関係(不和説)あるいは久光やその母由羅の動き、また進行中の軍制改革・給地高改正等各面にわたる。

例えば屋敷取添えについて「十分栄花を極メ候所存と相見得申候」として、平清盛の栄華に比し寿永・嘉永もよく似ている。あと二―三年保つだろうかと批判し「家作りの義

(中略)誠に天魔の所行とぞんじ申候」と第一級の言辞で罵倒する。軍制改革面では大砲試射は幕府への見せかけだろうとし、また成田流砲術採用による青山門人の不穏の動きにふれ、他の武術もすべて一流に制限されるとの評判だそうだが、それでは「とても治り申すまじく、笑ことたちまち打ちころされ申すべくとぞんじ申候、それを打ちすて置き候様にては、士にてはこれなく候」とか、青山の門人が一騒動起こせば、かえって調所の悪事吟味に好都合だとする。また「笑の儀、勢いつよいこと誠ににくむべきことに御座候、以後いかゞの勢いに相成り候やらむ、とても致しがたき節は、誰にても一はまり致さす候わでは、とても治り申すまじくとぞんじ申候」等、極めて物騒な煽動的言辞がポンポン飛出す。

また給地高改正も調所らの恣意利慾のためだと断定、給地高改正は「とても十分行届き兼ね候は知れたることに御座候」(嘉永元年三月二十九日)とする。そうして「笑ことこの度の出府は少しあぶなきこととぞんじ候、阿部こと何か申候様子に聞き得申候、出府のうえは御内用取あつかいは、なおもって御不都合かと存ぜられ申候」(嘉永元年七月二十九日)と、調所の最期を自信をもって予言している。調所死去の直後斉彬は黒田斉溥とも「追々相談いたし、この度二(二階堂行健)並びに笑のことも出候ことに御座候」(嘉永二年正月二十九日吉井宛）と自らの画策であったことを認めている。二階堂は調所死去の直後急に江戸から国元への帰国命令が出たもので、調所一派追放作戦のはしりである。

ただ山口情報等には阿部の抱く嫌疑を想定させるものは少ないが、一つは弘化三年駒場農園を視察した際、調所が幕吏に贈った進物が、家老には不似合千万の大変なものだとして、問題にされているというが、これに密輸品の嫌疑がかかったのかもしれない（弘化四年八月二十九日島津久宝宛）。また昆布のことについて阿部に何かいわれたらしく、今度鹿児島商人をやめて浜崎太平次に取扱わせることにしたようであるが、「それにてはまた公儀より何か近年中に出候には相違これなく候」（弘化四年九月二十九日山口宛）ということも、何か密貿易に関係があるのかもしれない。池城親方の十万両の件は幕府隠密の情報であり、これらを含めて阿部が相当の情報を握っていたものであろう。

斉興への打撃

斉興第一の寵臣調所の死は斉興政権に大きな打撃を与えたのはもちろん、斉彬にとっても予想外だったかもしれない。斉彬の構想では阿部による調所の糺明を通じてこれを追放、責任を感じた斉興が隠退するというコースを描いていたのが、調所の自殺で予定が狂い斉興政権にとどめをさすことはできなかったということではないか。もちろん今度一挙に隠居に追込むこともできるが、それでは今後永く斉興の機嫌が悪くなって万事不都合だから見合わせる。来年の「琉人参府、英人も帰り候わば御ほめもあるべく」それを機に斉興が自発的に隠居を申出るだろう。そうでない時は今がよい時期だと内々話も出るだろうと、ねらいを嘉永三年に定めている。そして今度の調所進退のことは阿部も「陪臣ゆえ甚だいたしにくきところを」断行したもので、それに比し斉興隠居のことはやりやすいのだと、斉興の進退もすでに斉彬らの掌中にあり、予定のコース内にあることを明らかにしている（嘉永二年正月二十九日村野実晨宛）。ただ表の者は今度の件を喜んでいるが、由羅をはじめ奥では機嫌がよくないと思われる。奥が心配だとし由羅を姦女と呼んで「姦女退散の義、折角工夫第一に頼み入れ申候」とハッパをかけた（同上）。

以来この嘉永二年における斉彬の探索命令は俄然急増し、伊集院兼直へ八通、山口定救へ七通、吉井泰諭とその弟村野実晨へ各一通の計十七通にのぼり、前二年分をはるかに上回る。ほかに近藤隆左衛門（物頭町奉行勤）との往復もあったがこの分は今残らない。

したがってこの間吉井らにつながる同志の動きが激化する。そして近藤らが、徒党を結び斉彬の藩主就任を阻害する者として、由羅や家老島津将曹らの殺害を計画、これが露顕して近藤らの切服十三名をはじめ、五十名の者が処罰された。嘉永二年十二月から翌三年四月ごろのことで、嘉永朋党事件、一般にお由羅騒動とよぶ。これにより調所打倒で一歩リードしていた斉彬派は壊滅状態になった。これに打撃を受けた斉彬は早速巻き返しに出る。黒田斉溥をはじめ宇和島藩主伊達宗城らの有志大名、それに幕閣阿部正弘を取込んで斉興政権打倒に突進、遂に斉興は嘉永三年十二月将軍から朱衣肩衝(茶器)を贈られ、暗に隠退を勧められた。ここに翌四年二月斉興隠退、斉彬襲封が実現した。ほぼ斉彬が予定した時期である。幕閣のみならず将軍の権力まで利用した斉彬の策謀に、斉興も刀折れ矢尽きたわけである。ではその間調所側近や家族はどう処遇されたであろうか。

三　死後の懲罰

1　第一次処分

調所の後任

調所が命を絶った日の翌二十日、斉興は早速大目付二階堂行健に、改革後退なき様と調所の後任を命じた(『見聞記』)。嘉永四年迄の改革延期をきめていたので、その貫徹を期したのである。しかし二階堂は間もなく国元帰国を命ぜられ、側用人吉利仲に引継ぎをすることになった。ところが御内用金三千両に使途不明金があって引継ぎできず、帳面の新調を頼む羽目に陥った。しかも翌嘉永二年正月二十一日二階堂の妾である目黒橋和屋の娘そはが井戸に飛込んで自殺するという事件が起こった。ここに二月十九日（二十五日また二十七日とも）二階堂は免職隠居慎を命ぜられ、家格寄合並を代々小番に下げられた（『島津斉彬文書』等）。

海老原免職

次いで調所の腹臣海老原清熙も四月十二日軍役総奉行側用人側役兼趣法方掛を依願免職、隠居を命ぜられた（『斉興公史料』）。しかしこの処分が軽いとして斉彬与党は憤慨した。

山田清安

山田清安は「横馬場（海老原）も依願御役御免隠居ぐらいのことにて、これ迄つかみ込み候ものも、知行にも全く御手は付き申さず候」と吉井泰諭に書き送っている（『島津斉彬文書』）。斉彬はこれを「とかく笑の跡と海らを（斉興が）御いといこれある」ためとする（同上）。

新納時成

海老原退役の情報を得る前、加治木島津家の重臣新納時成はその日記に「鹿府木（ろくふ）やりばやしに、タコは死んだがエビはまだかと言う由」と記したが、海老原退役後は「誠に飛ぶ鳥も落つるという勢いのところ、暫時の間にかくの如く相成る、世の中は不思議のもの也」と調所一派没落の感懐を記している（『葛城彦一伝』）。

調所左門免職改姓

さらに藩では幕府をはばかって調所の嫡子左門を免職の上稲富と改姓させ、平之馬場

稲富左門跡目相続

安之進

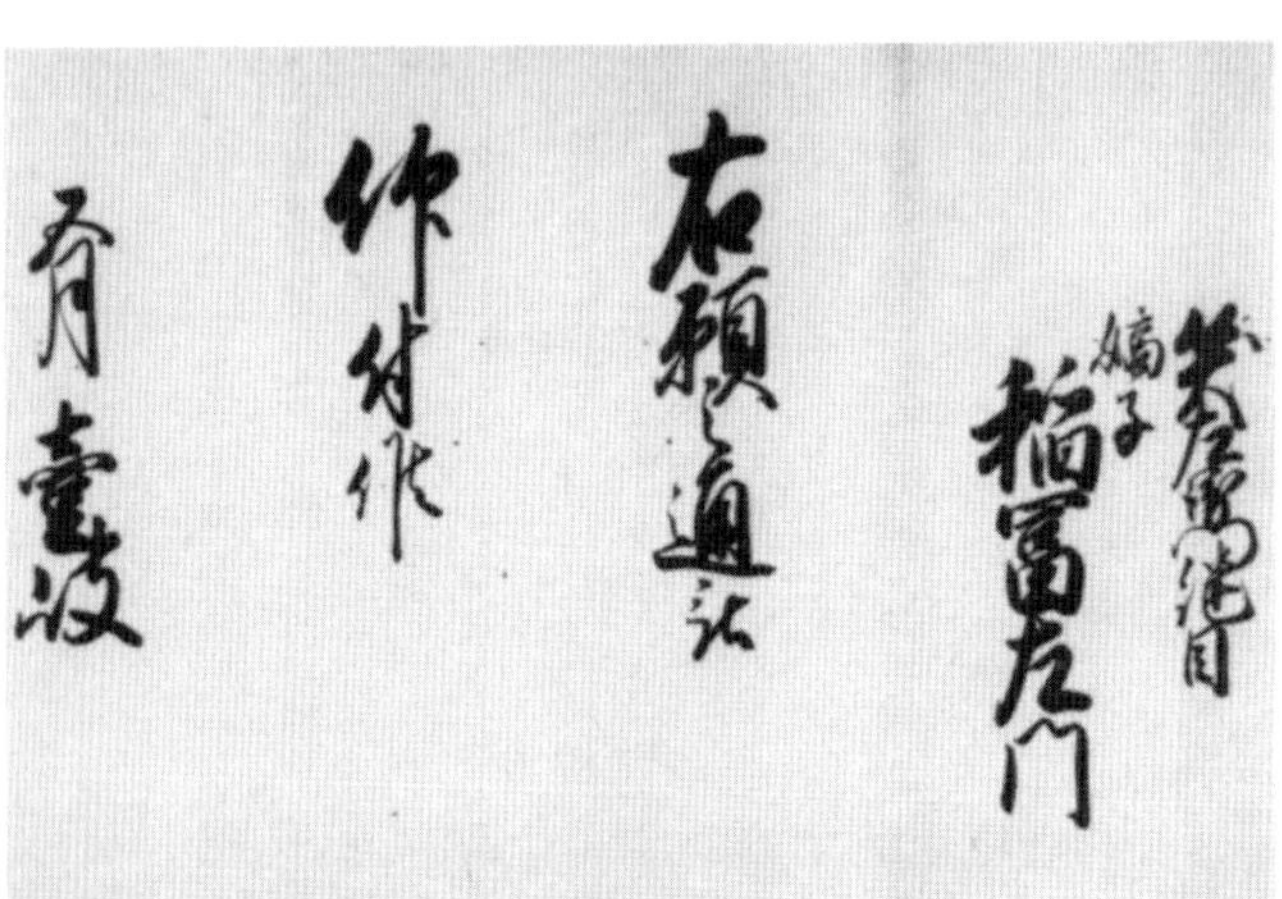

左門継目辞令

の屋敷を取揚げた。新納時成は日記嘉永二年四月の条に、

何日にて候や、調所左門様痛所申立てにて、御役御免の由、調所家稲留（ママ）と名字替え仰せ付けられ候由也（同上）

と記し、役免改姓が四月だったことを伝えている（同年閏四月二十九日の山口定救宛斉彬書簡では、名字取替えのはずだがどうなったかとある）。

次いで翌五月、左門の跡目相続が認められた。ただここに奇妙なことがある。それはここで笑左衛門の継目を認められたのは左門であるが、それより数年前安之進が嫡子成りを認められていることである。すなわち、

調所笑左衛門

右嫡子笑太郎こと病死を致し候に付き、二男安之進こと笑左衛門嫡子成り仰せ付けられ、亡笑太郎嫡子小膳こと安之進嫡子成り仰せ付けられ候

正月　央

（上村文書）

とある。前述の通り笑太郎は天保十二年閏正月十九日に死去しているので、この安之進嫡子成りの正月は翌天保十三年であろう。当時笑太郎の嫡子小膳は十三歳であったから、次男安之進を嫡子にしたものであろう。ところがこの安之進が笑左衛門の継目になっていないのはなぜか。

次男家取立て

天保六年調所は十五歳の安之進に高二百石七升四合七勺一才を分与し、鎧一領・金二百両を添えて次男家取立てを行っている。しかしこれは内々のものだったらしく、同十年十月、この時の二百石余を含めた五百四十二石一斗七升一合八勺二才の高目録を作成して、寄合家格に進められたが二男家がなかったので、この度願い出て許可を得た。ついては知行高を分与するが、後年決して借金や上納の抵当にしたり、売却することのないようにと譲状を書いた。そしてこれに調所藤内左衛門ら五人が「御子孫々に至り御譲渡の御趣意御忘却なき様」との次書きを加えている（上村文書）。

調所は文化八年茶道頭昇進の時家格一代新番に進められていた。その後恐らく小納戸

小番

頭取になった文化十二年小番に進んだと思われる。当時薩藩では役職の高下によって賦（つもり）（または賄料）すなわち旅費に違いがあり、六人賦を貰う役職になると家格新番に列し、十人賦で小番に入った。小納戸頭取は十一人賦であることから（『職掌紀原』『九郎談』）、この時小番に進んだことは間違いあるまい。そして天保三年二月大目付格となった時寄合に進められていた（上村文書）。しかし次男家がなかったので、今度藩の許可を得て正式な次男家取立てを行ったというのである。

左門と安之進は同一人

ところが天保十二年笑太郎が死去したので、安之進を嫡子にしていた。そうであるのに笑左衛門の死後その継目に左門が出て来た謎を解く鍵は、鎌田本『薩陽武鑑』にあった。それによると左門は安之進の改名で、実は両者同一人であった。この種武鑑類には時折誤記があるが、こういう箇所の記述を誤るということは滅多になかろうと思うので、安之進と左門を同一人と考えて間違いあるまい。恐らく左門への改名は兄笑太郎死後の

改名、左門は数馬・小膳は転

嫡子成り直後であろう。さらにその後左門は数馬に、小膳は転と改名するが、その時期は嘉永元年五月の左門継目相続直後と思われる（『島津斉彬文書』）。

┌広補┬笑太郎（不為家督卒）広□ 小膳
└広□ 安之進 左門 数馬（ほか略）

（『薩陽武鑑』調所氏の項）

当番頭

なお一般に当時の左門の役職を小納戸頭取と

するが、これは誤りで当番頭側役勤と思われる。確かに弘化四年十月左門は小納戸頭取で軍役方掛を命ぜられているが（『斉興公史料』）、免職当時はすでに転役している。すなわち上村文書の中に、

一当番頭
一御役料米二百俵
一御側役勤

調所左門

右は父笑左衛門御改革方へ掛け置かれ、その外極く御内用向取扱い仰せ付け置かれ候ところ、昼夜心頭にかけ抜群精勤を致し、かつ当時少人数の儀にも候間、いまだ年若には候得共、かたがた別段の思召をもって、右の通り御役替え仰せ付けられ、御役料米下し置かれ候

十二月　　　　　　　　　豊後（島津久宝）

とある。しかも左門がこのことを母親に知らせた十二月五日付の書簡には、この辞令のほか父笑左衛門への通達や左門を野田その他の地頭代に任命する辞令等に加えて、「来酉（とり）年御下国御供」の申渡書が添えられている。「来酉年」とは嘉永二年のことであることか

ら、左門の当番頭任命は父笑左衛門の死ぬ直前の嘉永元年十二月初めと断定してよく、それが四ヵ月後変っているとは考えられない。現在判明の安之進時代以来の左門の職歴は、奥小姓―小納戸見習―小姓頭取―小納戸頭取―当番頭側役勤となるが、嘉永元年末ぎりぎりでの当番頭任命は、その直後に起こった笑左衛門の自殺騒動で、一般には知られなかったものであろう（鎌田正純『東行日記』）。

また新納時成の日記でもそうであったように、多くの人が左門の新姓を稲留とするが、これも誤りで稲富が正しい。これは前述の継目許可状をはじめ上村文書中の史料に稲富とあることによって動かせない。

左門の当番頭側役勤は年齢不相応の任命であったらしい。では当時左門は何歳だったのか。名越時敏の『万記一帳』に安政七年のこととして、

高二千二百十九石九斗四升六勺二才　　稲富数馬 四十歳
〔異筆〕調所ノ嫡子笑左衛門ノコト（この五字には三本の消除線あり）　　嫡子 稲富　転 三十一歳

とある。この年齢から推すとそれぞれ文政四年、天保元年生れで、嘉永元年当時左門は二十八歳ということになる。それは昭和三十六年孫娘上村ノブが改葬建立した墓碑（高山

町）に「広胖（ひろあき）（数馬）文政四年三月三日生」とあることとも一致する。二十八歳での当番頭任命を年若かだがと断ったものであろう。

左門の妻トヤ

左門の妻トヤは碇山将曹（弘化三年島津姓に改姓）の養女で、その実鎌田八郎左衛門の娘（文政四年十月二十一日生）である。結婚前江戸薩摩藩邸奥向きに仕えていたらしく、それが天保十四年前後に結婚したものと思われる（上村文書、鹿児島市除籍簿、『薩陽武鑑』、年不詳七月二十二日付調所宛将曹書簡）。

平之馬場屋敷

調所死後取揚げられた平之馬場屋敷は、天保三年二月調所が大目付格に昇進した年の八月、今の家屋敷が手狭まだろうとして、元高城（たき）六右衛門の屋敷ほか三ヵ所六百五十九坪半（文政年間城下絵図と一致）を、家屋敷共藩で買上げ家屋修造料銀三十貫目を添えて与えられたものである。その後嘉永元年屋敷続きの御用地二百二十四坪のほか本道空地すべてを、添地として与えられた（三月二十九日山口定救宛斉彬書簡、上村文書）。

城下絵図に「調所笑左衛門殿添地」百四十八坪、同下屋敷百三十坪がある。また草牟田誓光寺近くに「調所笑左衛門殿四町四反八畝二十八坪の内」というのがあり、一種の園藪地を取込んだもののようであるが、ここには別荘があった（『鎌田日記』『安田日記』）。

調所死後平之馬場屋敷は表面取揚げとしたものの、内実は六百両で買上げ、数馬らは原良（永吉か）の屋敷に移り平之馬場屋敷には家老島津石見が転居した。これは代銀上納で、初めの話では家・蔵・長屋回りの建物はすべてそのまま残しておくということで六百両ときめたのに、実際は書院回りと外回りの長屋だけを残して解体移転した。石見が居宅回りと蔵二戸だけは残しておいてくれと頼んだが聞き入れなかったとは、石見の次男土岐矢一郎から山田清安が直接聞いたという（『島津斉彬文書』）。

数馬の移転先を山田清安は原良と記すが、恐らく永吉であろう。調所用頼四本庄蔵らから調所宛の年不詳書簡に「永吉屋敷」とあり、しかも明治六年の借用証文に「永吉御方稲富様」とあるし（上村文書）、またその後裔上村ノブが幼少時代は「ナゲシ」（永吉）にいたと話していたこと等から、隣村永吉を山田清安が原良と誤ったものと思われる。

左門復職

改姓はともかく処罰の目玉である屋敷取揚げも全く名目上のことで、役職にしてもいったん免職にしたものの間もなく番頭に登用した（『葛城彦一伝』『先賢遺芳』）。用人ともいうが（『県史』）、前職当番頭が妥当であろう。

すでに嘉永二年秋にはその動きがあったらしく、斉彬は数馬の再勤を蔦すなわち由羅の工作と考えており、それが発令されたら城下が騒ぐだろうとしている（九月二十九日、山口宛）。また吉利出府前に斉興から話があり、再勤は見合わせた方がよかろうと答えておいたが、吉利出府後申付けたとしている（嘉永三年三月二十六日、木村時澄書上）。吉利は正月九日出府しているので、数馬再勤は嘉永三年正月と考えられる。木村時澄が「稲留（ママ）数馬再出の一条なども、将曹さだめて肝煎（きもいり）に相違御座なく、国中切歯つかまつり候こと」（同上）とするのに対し、斉彬はそういうことはあるまい、恐らく奥向の推挙だろうとしている。

以上を整理すると、嘉永二年四月稲富へ改姓、屋敷取揚げ、五月左門家督相続、数馬へ改名、同三年正月当番頭再勤という順序であろう。

左門の実名は初め広厚（文政十三年上原尚賢実名考）で、間もなく広胖（天保四年石竜子姓名判断書）、文久三年当時広哲（『忠義公史料』）と称している。一説に広時とするものもあるが（『先賢遺芳』『県史』）、典拠は不明。

しかし翌嘉永四年二月には斉興隠居、斉彬家督が実現して数馬の居心地もよくはなかったろう。宇和島藩主伊達宗城はこの二月中旬ころの、老中阿部正弘への口上で、斉興が隠居後も藩政を左右しているので、藩留守居を老中牧野忠雅のところに呼び出して注意を与えてもらいたいと申し出、その時の注意書草案の中で、

伊達宗城

故笑左衛門悴（せがれ）、当時稲留（ママ）数馬ト変名ニテ相勤メ居リ候由見聞ニ及ビ候、右ハ先年美濃守（黒田斉溥）へ相違シ置キ候趣モコレ有ル者ニ候得バ、右様ニハコレ有ル間敷ハ

ズ、如何（いかが）ノコトニ存ジ候コト（『島津斉彬文書』）

と数馬罷免の要求を幕閣の耳にまで入れたのである。

斉彬も伊達宗城への書簡で、斉興に数馬のことを聞いたら自分から指図はできぬ、親類中での相談の結果都合では自分の考えをいうが、決して事を荒立てずゆるりと取扱うのがよいといったと、その処置を問題にしている。

数馬退職

こういう動きの結果であろう。この嘉永四年十一月数馬は、「長々足の痛みこれあり全快のほどおぼつかなく」という理由で退職した（亥十一月口上覚）。しかし安政元年三月嫡子転は伊勢雅楽（うた）の四女コトと結婚し（除籍薄）、また前述の通り安政七年ごろは二千二百石余の知行高や中屋敷・下屋敷を所有していることから、斉彬も在世中それ以上の処分はしなかったようである。

2　第二次処分

ところが斉彬死後五年目の文久三年（一八六三）二月二十日、数馬に次のような処罰が達せられた。

稲富数馬

右は亡調所笑左衛門在職中、上ヲ欺キ下ヲ軽ンジ奸曲私欲ヲ専ラニシ、国体ヲ損ジ風俗ヲ乱シ邦家ヲ覆エシ危キニ至ラシメ、ソノ魁首ト成リテ阿諛ノ者ニ党シ、重畳極罪ノ者候ニ付キ、御先代様ニモ思召在ラセラレ候間、キツトモ仰セ付ケラルベク候得共、死後ノコトニモコレアリ、カタガタ御宥恕ヲモツテ家格相下ゲラレ、代々小番へ入レ置カレ、左候テ定メ置カレ候外持高御取揚ゲ仰セ付ケラレ候（『旧邦秘録』）

家格降下、持高取揚げ

こうして家格を代々小番に下げられ、持高は二千二百十九石九斗余（『忠義公史料』には同年正月「二千八百余石所有ス」とある）の中二百九十九石九斗九升余（「差出」）を残して没収、さらに三月十六日中屋敷四百七十七坪（柿本寺通、譲受屋敷）下屋敷三百三坪も取揚げられた。

さらに改名

また処分通達後二月二十六日数馬は八郎左衛門、転は佐平太へと名替えを願い出ていたが、これは三月二十五日許可された（上村文書）。

海老原遠島

しかしこの時数馬一人が処分されたのではない。まず調所の最大の協力者で生存中の海老原清熙は、調所の一味同心として屋久島へ遠島処分にされ（慶応元年赦免）、稲富転は慎みを命ぜられた。さらに『旧邦秘録』の編者市来四郎は「島津豊後、三原藤五郎、永江休之丞、福崎助八等達書得テ記入スベシ」と記して、この人たちが処分されたことを示唆している。

島津織之助

また島津将曹の孫織之助は、祖父が在職中権威を振るい私欲を構え、性質暴戻（ぼうれい）不公平の処置が多く、大いに国家に害をなしたとして慎みを命ぜられ、依願退職を免職に切り替えられた上、一世養料高百石を取揚げられた（『旧邦秘録』、織之助の処分時期は若干おくれたらしく思えるが、史料の不備で不明確）。

趣法方廃止

しかもこれらの人たちを処分しただけではない。数馬処分の翌二月二十一日、調所改革事業の拠点部局であった趣法方を廃止した。そしてこれまで趣法方の行ってきた特別財政関係の事務をすべて勝手方に吸収一元化した。単なる人事上の処分だけでなく、調所関係の機関をも廃止して、そのイメージ一掃をはかったわけである。市来四郎は趣法方は明治二年迄あったとするが（『斉興公史料』）、果してどうか。

誠忠組、大久保利通

それにしても調所死後十五年、斉彬死後でも五年を経た文久三年、思い出したようにこういう処分が行われた背景は何か。考えられることは、薩藩革新派の青年グループ誠忠組、中でも大久保利通の藩政掌握と関係があるのではないかということである。

当時薩摩藩では故斉彬の遺志を継ぐ考えのもと、安政大獄後の要路更迭を含めた幕政改革をめざす誠忠組諸士が、徐々に藩政中枢に近づきつつあった。特にリーダー格の大久保は国父久光を味方に取込むことによって目的を達しようと、久光への接近をはかってそれに成功、文久元年十月堀仲左衛門と共に小納戸に抜擢され、有村武次（海江田信義）・吉井友実が徒目付になった。誠忠組の藩政進出の第一歩である。その後久光上京、寺田屋の変、生麦事件等不測の事変を交えながら事態は進展、その間大久保は文久二年五月小納戸頭取、九月御用取次見習となり、翌三年大坂からの帰途、乗船の遭難で九死に一生を得て二月八日小松帯刀と共に鹿児島に帰り着くが（『旧邦秘録』）、翌々十日中山実善と共に側役兼小納戸頭取となった。大久保はここに藩政の中枢に食込んだわけである。

しかもこの間門閥家小松帯刀（たてわき）を味方陣営に取込むことによって、藩内保守層に対する誠忠組の立場を補強しようとする作戦にも成功、文久二年十二月小松は家老となり、勝手方を担当することになった（坂田長愛編『小松帯刀伝』）。

久光は元来誠忠組青年有志たちの嫌うところであった。斉彬の襲封を妨げた由羅の子だからである。その久光の信任を得ての大久保の異例のスピード出世は、藩内における大久保の立場を微妙なものにした。『市来四郎日記』に曰く、

中山中左衛門・大久保一蔵こと、去る十日御用取次より御側役御小納戸頭取兼務仰せ付けられ候、速かなる昇進にて人皆驚怖いたし物議甚敷候、年輩も三十歳内外にて、御用取次仰せ付られ候も昨年末にて、箇（か）様のことは古今稀なるものにて候わん

（勝田孫弥『大久保利通伝』）

と、大久保（三十四歳）の異常な昇進ぶりが藩内の物議をかもしていると記す。

こういう藩情に対して大久保の編み出した対策が、かつての斉彬の敵対者お由羅派の処分ということではなかったか。調所罪状中の「邦家ヲ覆シ危キニ至ラシメ」とは、具体的にはお由羅騒動を指すと理解すべきではないか。しかも「御先代様」すなわち斉彬を持ち出し、この処分は故斉彬の遺志を継いだものであることを宣言し、今後もその遺志を継いで藩政を推進すべきだという決意を明示することにより、藩内特に誠忠組一統の大久保らへの危惧を取除き、その立場を固めようとはかったのではないか。

当時由羅は六十九歳の老齢で往年の気力はなかったろうし、まして久光・忠義父子が藩政の最高峰に立ったことで、その悲願は達成されたわけでもある。今さら何を口出しする必要があろう。国父となった久光も藩政上の立場を固めるために、大久保らの提案を呑むことを有利と考えたであろう。

斉彬すら手をつけなかった断罪を、あえて大久保らが実行することにより、自らの不評を切り抜けようとした苦肉の策というべく、ターゲットにされた数馬らこそ、時ならぬこの不意打ちには面食らったことであろう。調所家の実質的悲劇はこれ以後始まる。

稲富佐平太

さらに年不詳十一月、小番稲富佐平太に対して、次の意味の藩通達が出された。祖父の時代から直元服を許され、継目のお礼等の節は太刀二種一荷進上を申付けていたが、家格を下げられて以来、継目のお礼や初めてのお目見等の時は太刀進上を申付け、直元服は許さないというのである（上村文書）。これは天保八年七月「代々嫡子直元服」を許されていた（同上、『薩陽武鑑』）のを取消したものであるが、佐平太が家督を継いだのは元治元年四月十五日であるので（上村文書。『鹿児島市除籍薄』には慶応元年三月十五日とある）、この通達は元治慶応年間のことであろう。藩は幕藩制そのものの崩壊を目前に、調所家の特権を次々に剝奪していったのである。

渡辺千秋

ところがこの文久三年から二十年後、明治政府のもと大久保派の鹿児島県令渡辺千秋らは、調所の功業を掘り起こし県政の参考にしようと、稲富家や海老原に資料の提出を命じた。新政府の中核として殖産興業政策の推進者となった明治の大久保自身、すでに調所に対する考えは変っていたかもしれない。それにしても誠に皮肉な話である。

これにこたえて調所の孫稲富笑左衛門（佐平太改め、時期は恐らく明治初年か）は明治十五年報告書を出した（『調所広郷履歴』）。同人はその後（明治二十年ごろか）旧姓調所に復し、明治四十年三月一日史談会（横須賀で開催）で祖父について報告する（『史談会速記録』第二八五輯）。時に七十八歳の高齢で、広郷の風貌を知る最後の肉親であった。

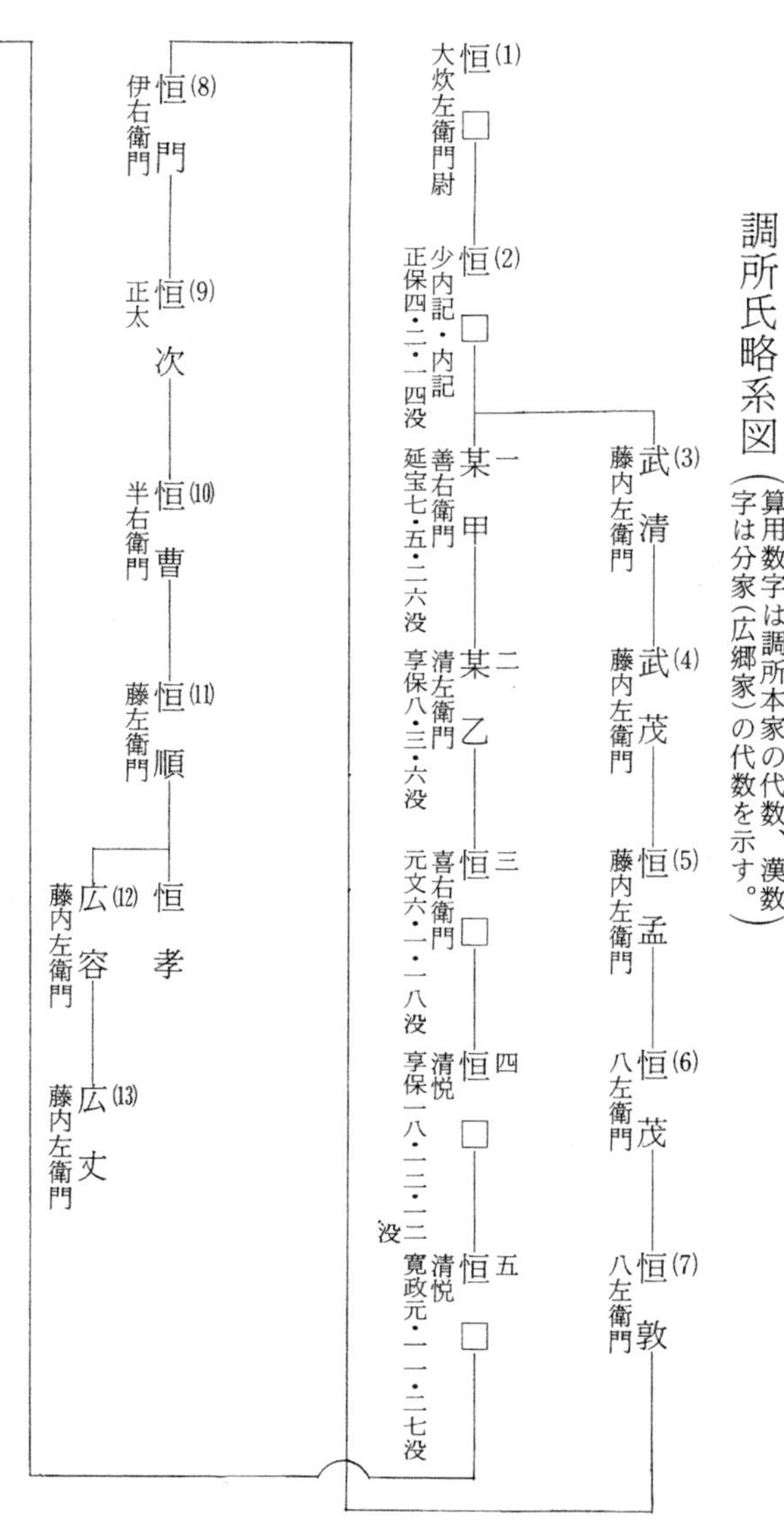

調所氏略系図（算用数字は調所本家の代数、漢数字は分家（広郷家）の代数を示す。）

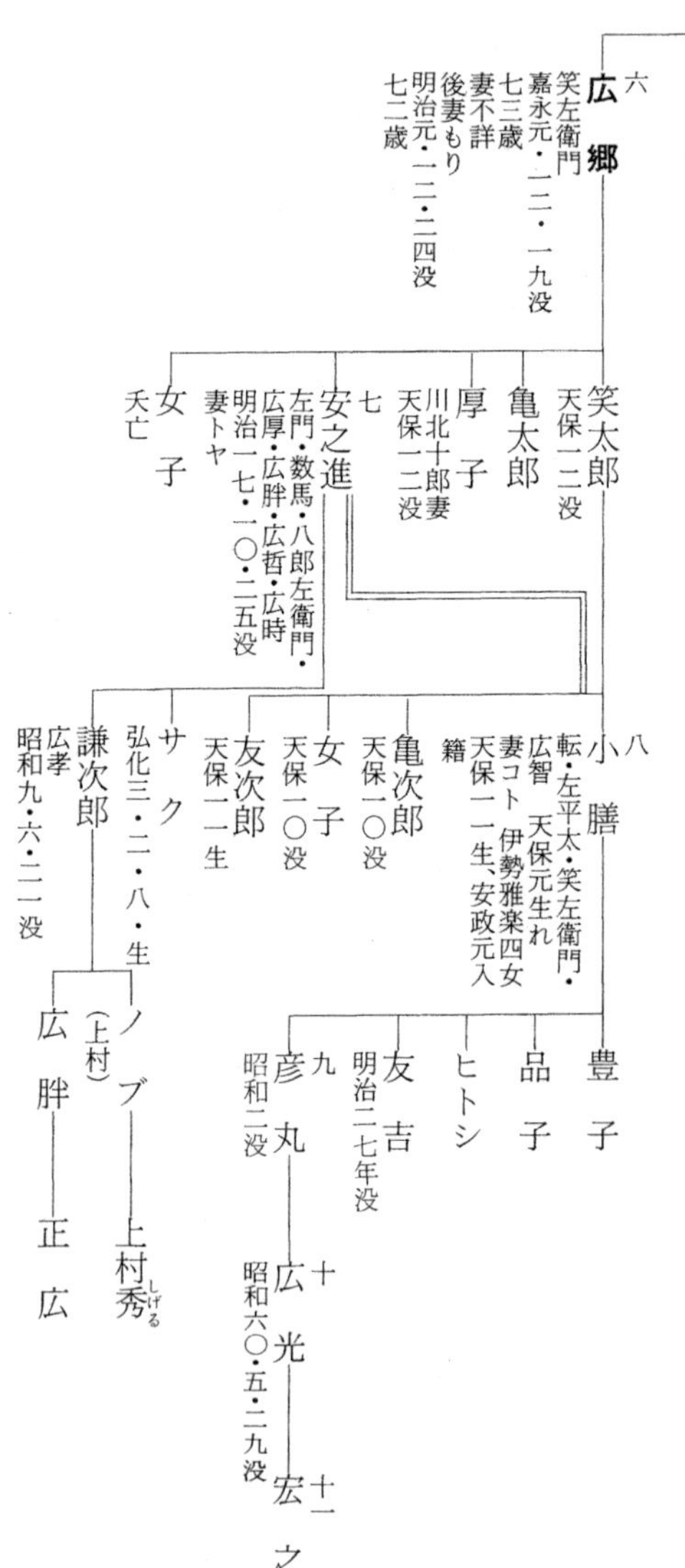
六
広郷
笑左衛門
嘉永元・一二・一九没
七三歳
妻不詳
後妻もり
明治元・一二・二四没
七二歳
笑太郎
天保一二没
亀太郎
厚子
川北十郎妻
天保一二没
七
安之進
左門・数馬・八郎左衛門・広厚・広胖・広哲・広時
明治一七・一〇・二五没
妻トヤ
女子
夭亡
八
小膳
転・左平太・笑左衛門・広智　天保元生れ
妻コト　伊勢雅楽四女
天保一一生、安政元入籍
亀次郎
天保一〇没
女子
天保一〇没
友次郎
天保一一生
サク
弘化三・二・八・生
謙次郎
広孝
昭和九・六・二一没
豊子
品子
ヒトシ
友吉
明治二七年没
九
彦丸
昭和二没
ノブ
(上村)
上村秀
しげる
広胖
正広
十
広光
昭和六〇・五・二九没
十一
宏之

略年譜

年次	西暦	年齢	事績	関係事項
安永五	一七七六	一	二月五日、鹿児島城下堂の前に川崎主右衛門の次男として生れる、幼名良八、母は竹下与右衛門娘	
八	一七七九	四		一〇月、桜島噴火。明時館創建○吉野帯迫に薬園設置
天明元	一七八一	六		閏五月、重豪の娘茂姫、一橋家にこし入れ。一橋豊千代、将軍世子となる
七	一七八七	一二	一二月一六日、実父没する	一月二九日、重豪隠居し、斉宣藩主となる。重豪藩政介助○四月、一橋豊千代将軍となる（徳川家斉）
八	一七八八	一三	調所清悦の養子となり、調所友治と改名○この二、三年の間に元服（実名恒篤）か	一月、京都大火、皇居、二条城、薩摩藩邸類焼○九月、幕府より金二十万両上納を命ぜられる
寛政元	一七八九	一四	一一月二七日、養父没する	二月四日、茂姫（広大院）と徳川家斉婚礼○六月、斉宣初入部
二	一七九〇	一五	表茶道となり清悦と改名	
四	一七九二	一七	七月一九日、実母没する	六月、重豪、藩政介助をやめる

年号	西暦	年齢	事項	一般事項
寛政 八	一七九六	二一		三月一三日、重豪、芝藩邸より高輪藩邸に移る
一〇	一七九八	二三	一月一七日、鹿児島を出発して初めて江戸へ、二月一〇日、江戸芝藩邸着○九月一五日、重豪付奥茶道となり、翌日、高輪藩邸に移る○同月二七日、笑悦と改名○一一月一八日花道石州流入門○同月二二日、茶道裏千家入門	一一月一四日、重豪、総髪して名を栄翁と改める
一一	一七九九	二四	一二月一日、江戸発（初めての休暇帰国）	
一二	一八〇〇	二五	一月三日、鹿児島着○帰国中に結婚か	
享和 元	一八〇一	二六	男子（笑太郎）生れる	
二	一八〇二	二七		三月ごろ、斉興、高輪藩邸より芝藩邸に移る○三都藩債利下げ交渉を行い、京坂では二朱、江戸では三朱で落着
文化 元	一八〇四	二九	七月三日、養母没する○恐らくこの年芝藩邸に移り、斉興付となる	五月二日、重豪、剃髪○一〇月四日、斉興、加冠元服
三	一八〇六	三一	三月四日、江戸泉岳寺大火で芝藩邸類焼、調所、対応に奮闘○一二月二三日、江戸発、休暇帰国	三月四日、成形図説編集所焼失○一一月一三日、琉球使節参府
四	一八〇七	三二	一月二五日、鹿児島着○七月二一日、鹿児島発○八月二五日、江戸着	一一月、樺山主税、家老となる○一二月、秩父太郎、家老に
五	一八〇八	三三	一二月二七日、江戸発、妻病気のため願い出て休	四月、重豪、樺山主税・秩父太郎の

			暇帰国	家老職を免じ、のち自刃を命ずる○
六	一八〇九	三四	一月二六日、鹿児島着○六月二七日、鹿児島発○八月七日、江戸着	六月、重豪、再び藩政介助 六月一七日、斉宣、隠居。斉興、藩主となる
七	一八一〇	三五		九月、唐物八種の長崎販売免許を得る
八	一八一一	三六	一月一五日、茶道頭となる○二月一五日、家格一代新番に進む○斉興の初入部に随行して帰国（五月一日、江戸発、六月二七日、鹿児島着）○嫡子笑太郎の初お目見を願う	九月、重豪、有馬温泉湯治を名目に下坂し、財政を指揮する
一〇	一八一三	三八	七月二一日、小納戸に転役、笑左衛門と改名	重豪、帰国して藩政を指揮する
一一	一八一四	三九		六月一八日、斉宣、白銀邸に移る
一二	一八一五	四〇	五月二五日、江戸発○七月一三日、鹿児島着○同月二一日、小納戸頭取・御用取次見習・小納戸兼務となる○家格小番に進む	
一四	一八一七	四二	この年前後、内藤運右衛門の娘もりと再婚する	一二月九日、斉宣、総髪して渓山と号する
文政元	一八一八	四三	一月、使番となる	四月、唐物四種の追加販売の許可を得る○一二月、唐物方設置
二	一八一九	四四	女子（厚子）生れる	一二月、大坂銀主、薩藩への貸出しを拒絶する

年号	西暦	年齢	事績	一般事項
文政三	一八二〇	四五		八月、唐物二種追加販売の許可を得る○同月一三日、重豪、藩政介助停止を願い出る（九月一日許可）
四	一八二一	四六	三月三日、男子（安之進）生れる	
五	一八二二	四七	三月二七日、町奉行に転役	
七	一八二四	四九	一一月一日、側用人格両隠居続料掛となる	七月、イギリス捕鯨船員、宝島に上陸、牛を強要して射殺される
八	一八二五	五〇	三月、唐物十六種販売免許を得る○五月一五日、小林地頭○八月二八日、側用人・側役勤となる○同月、定式外唐物貿易成功で芭蕉布三反拝領○九月一五日、女子生れる（九月二〇日、没）	二月六日、郁姫、近衛忠煕と婚姻○二月、幕府、異国船打払令を出す
九	一八二六	五一	一月二五日、鹿児島発（参勤随行）○三月一四日、江戸着○一二月二五日、佐多地頭	三月、重豪、シーボルトを迎えて会談
一〇	一八二七	五二	四月一五日、江戸発（斉興の帰国に随行）○四月、唐物貿易品目増加実現により太平布二匹拝領○重豪の命で出府（閏六月末、大坂着）	高橋甚五兵衛の財政改革失敗○出雲屋孫兵衛、金二万両融資○一二月二一日、出雲屋孫兵衛に藩邸出入りを許す
一一	一八二八	五三	三月、大坂表趣法替え骨折りに付き、銀五十枚拝領○六月二〇日、高五十石拝領、このころ財政改革主任を命ぜられる○一〇月二一日、高五十石拝領○この年前後、実名を広郷と改める	四月、佐藤信淵、『経済提要』を猪飼央に呈する○一一月二一日、重豪、朱印書をもって出雲屋孫兵衛に改革遂行を約束する

一二	一八二九	五四	一月、一往定府を命ぜられる○五月、大坂表趣法替え骨折りに付き、高百石拝領○この年帰国して国元の改革に着手する○その後出府○冬、三島砂糖の惣買入制実施を決定	一月、佐藤信淵、『農政本論』を猪飼央に呈する○二月一日、出雲屋孫兵衛に砂糖百万斤の販売取扱いを保証する
天保 元	一八三〇	五五	一月二三日、江戸発帰国○三月六日、鹿屋地頭○三島方設置○八月九日、鹿児島発出府、長崎において高島四郎兵衛父子・石本平兵衛と要談、二一日、紅毛船見物○一二月、重豪、朱印書により明年以降十年間に金五十万両備蓄、古借証文回収等を命ずる○三島砂糖惣買入制を実施する○鹿児島に買物方蔵を新設	二月二九日、新任大島代官宮之原源之丞、鹿児島より京都発信調所書簡への返書を出す○三月、三島へ新任代官ら出発○同月、佐藤信淵、『薩藩経緯記』を猪飼央に呈する○一二月一日、出雲屋孫兵衛に浜村姓を許す
二	一八三一	五六	七月九日、指宿、一〇日、山川、一八日、知覧等回勤○同月一三日、浜村孫兵衛より金五千両到着○米俵等改良に着手する○一二月一日、大番頭へ進む○同月、三島砂糖惣買入制実施の功により高三百五十石・銀十九貫目拝領	二月、幕府、煎海鼠の密売を禁止する○三月、大坂町奉行新見正路、安治川口をさらえて天保山を築く
三	一八三二	五七	一月一一日、特に役料高三百石・三十人賄料を給される○二月二五日、大目付格に進み、「三位様御眼代」を命ぜられる○同月二八日、家格寄合となる○六月、家老組編入○七、八月ごろ、一手支配・肩取・富くじを禁止する○八月一六日、鹿児島発	一一月、琉球使節参府

年	西暦	年齢	事項	関連事項
			出府○同月、平之馬場屋敷六九九坪、家作等修造料銀三十貫目拝領○一〇月、四十人賄料を給される○閏一一月一二日、家老格・側詰勤に進む、役料高千石○同月一三日ごろ、江戸発大坂へ○菜種子作改良に着手する	
天保四	一八三三	五八	三月、斉興、朱印書により改革続行を命ずる。高五百石拝領○四月一〇日、金十二万両を江戸より国元へ発送する○同月一八日、国元家作に付き浜村孫兵衛に金六百両の借金を申込む○五月末、江戸発大坂へ、のち再び江戸へ○左近を国元に移す	一月一五日、重豪没する○二月一四～一六日、中陰法要(調所焼香代拝)○三月一九日、斉興、朱印書により浜村孫兵衛に改革続行を命じ、新番格八十人扶持に進める
五	一八三四	五九	三年振りに帰国○六月、唐物販売二十年間延長の許可を得る○一二月、痛風を病む	二月六日、斉宣、白銀邸より高輪邸に移る
六	一八三五	六〇	一月、鹿児島発、長崎経由で江戸へ○四月二五日、江戸発、斉彬の帰国に随行○六月二三日、鹿児島着○安之進、次男家別立○一向宗徒の大量検挙実施○閏七月二四日ごろ、鹿児島発上坂○一一月、薩債二百五十年賦償還法決定○一二月一〇日ごろ、大坂発出府	四月二五日、斉彬、江戸発○六月二三日、斉彬、鹿児島着○八月二九日、斉宣、江戸発○一一月六日、斉宣、鹿児島着
七	一八三六	六一	薩債年賦償還法を京坂で実行○三月二五日、高五百石拝領○六月、江戸より大坂へ。海老原清熙と初対面。滞坂一ヵ月後帰国○一〇月、上坂○一一	二月一九日、斉彬、鹿児島発○四月九日、斉彬、江戸着○同月一六日、幕府へ金十万両上納○浜村孫兵衛捕

			月、大坂発出府○京坂地方う金販売法・薬種仕向き改良着手	えられ入牢、堺へ追放となる○九月一日、斉宣、鹿児島発出府○浜村孫兵衛を馬廻格百二十人扶持に進める
八	一八三七	六二	薩債年賦償還法を江戸で実行○三月、江戸発帰国○六月、幕府、天保十年を期しての唐物販売停止を命ずる○七月、代々嫡子直元服を許される	二月、大坂で大塩平八郎の乱起こる○六月、アメリカ船モリソン号、浦賀に入港し砲撃される○七月、同船山川沖に碇泊、薩藩に砲撃される
九	一八三八	六三	八月二五日、家老に進む、役料高千石・六十人賄料を給される	二月、島居平八兄弟、長崎の高島秋帆に入門○三月一〇日、江戸城西丸炎上○四月六日、西丸造営金十万両を上納○八月、長州藩村田清風の改革始まる
一〇	一八三九	六四	五月二九日、鹿児島着○六月一四日、童女(孫)没○八月二七日、童子(孫)没○一〇月、安之進の次男家別立を藩より公認される○奄美三島に羽書制実施○一向宗徒の検挙続く○冬、鹿児島発、長崎経由出府○甲突川を改修浚渫して天保山を築く○冬、重富で仕登米積船四隻を建造	砂糖価格下落○一二月、幕府、渡辺崋山を蟄居、高野長英を終身禁獄に処する（蛮社の獄）
一一	一八四〇	六五	この年帰国、出府、途中大坂において糖価下落等による財政危機対策に苦慮○肥後の石工岩永三五郎を雇い入れ、この年以降石橋架設・新田開発等	一二月四日、斉興、正四位上に昇進○今明年大島地方砂糖豊作○鳥居平七、長崎に再遊○一二月、高島流秘

天保一二	一八四一	六六	を行う 閏一月、江戸において改革結果を斉興に報告○閏一月一九日、笑太郎没○七月一〇日、厚子没○七月二三日、帰国○琉球三司官国吉親方、唐物商法再願を願い出る○九月下旬、加世田日新寺代参○一〇月二一日、鹿児島発○一一月二日、江戸着	巻相伝 閏一月三〇日、徳川家斉没する○五月、高島秋帆、幕命により徳丸原で洋式銃隊の訓練実施○一〇月一三日、斉宣没する
一三	一八四二	六七	一月、安之進の嫡子成りを藩より公認され、のち左門と改名。故笑太郎の子小膳を安之進の嫡子とする○一月、曽木川改修工事着工○春、出府○秋、帰国、八月一〇日ごろ鹿児島着○八月、上見部下りを廃止する	三月二八日、斉興、中村騎射場において高島流砲術の調練を実見○八月二二日、斉興、琉球使節を同道して鹿児島発参府○一〇月、高島秋帆投獄される○一一月八日、斉興、江戸着○鳥居平七を成田正之と改名させ、御流儀預とする
一四	一八四三	六八	春、鹿児島発出府、その後八月帰国○四月、曽木川改修工事完成○七月、納枡改正○出水郷荘村塩浜及び今釜新田工事着工	この年前後、左門、碇山将曹養女トヤと婚姻
弘化元	一八四四	六九	一月一二日、唐物方廃止、琉球産物方設置○同月二九日、鹿児島発、大口筋経由出府○三月三日、五十万両備蓄完了を大坂で斉興に報告○同月、百姓への高利貸付けを規制し、百姓の掛銭を禁止する○五月、江戸城本丸普請上納金御用掛を命ぜら	三月一一日、フランス船那覇に来航し通信貿易布教を要求、宣教師フォルカードを留めて去る○五月一〇日、江戸城本丸炎上○同月二〇日、本丸造営手伝金十五万両上納を命ぜ

			れる○本丸上納金銀十貫目を藩に上納する	られる○イギリス福州領事、同地琉球館に貿易開始を要求
二	一八四五	七〇	二月二八日、鹿児島着○三月二一日より四月八日迄、斉興の菱刈・真幸日向地方巡見に随行○四月一日、高五百石拝領○六月より七月二〇日迄、大隅諸郷回勤○同月、国分小村新田開発工事着工○一〇月二〇日前後、鹿児島発、一一月二五日ごろ大坂滞在	三月、老中水野忠邦退役
三	一八四六	七一	二月四日、京都発江戸へ○五月、鋳製方設置○閏五月二五日、老中阿部正弘と琉球外交問題について内談○閏五月、唐物十六種販売免許を得る（五種目は代品に変更の条件付）○七月二五日、志布志地頭○一〇月、琉球在番奉行倉山作太夫、琉球にフランスの通商要求を容認することを内示、それに禁制の唐物五種をからませるとの調所の密命を含める	四月五日、イギリス医師・伝道士ベッテルハイム、那覇に来航し強引に滞留。続いてフランス船来航、運天に回航して通信貿易を要求○六月九日、斉彬、名代帰国のため江戸発○七月二五日、鹿児島着
四	一八四七	七二	一月初め、江戸発○三月八日、鹿児島着○五月、指宿・山川の台場築造場所を見分○八月二〇日、砲術館開場○同月、幕府、唐物代品五種目変更要求撤回○一〇月一日、軍制改革布告、軍役方設置。軍役総奉行となる○一一月一五日、給地高改正を	一月一九日、斉興、江戸発○三月八日、鹿児島着○同月一五日、斉彬、鹿児島発○五月一〇日、江戸着○四月、島津久光を家老座に列し、琉球並びに海岸防禦名代とする

年号	西暦	年齢	事項	関連事項
			布告する○一一月より一二月六日迄、大隅諸郷回勤	一二月、左門、当番頭となる
嘉永元	一八四八	三三	二月三日より同月一八日迄、斉興の東目巡見に随行○八月一八日、軍役人数賦制定○同月二一日、鹿児島発、斉興の参勤に随行○高七百石拝領○一二月一九日、芝藩邸において没する	
二	一八四九		四月、調所左門、免職の上稲富への改姓と屋敷取揚げを命ぜられる○五月、左門、家督を相続、数馬と改名。嫡子小膳は転と改名	一二月、山田清安ら自刃を命ぜられ、嘉永朋党の処分相ついで行われる（お由羅騒動）
三	一八五〇		一月、数馬、当番頭に再勤	一〇月晦日、斉興、江戸着
四	一八五一		一一月、数馬、依願退職	二月、斉興、隠居。斉彬、藩主となる
安政元	一八五四		三月二五日、転は伊勢雅楽四女コトと婚姻	
文久三	一八六三		二月二〇日、数馬は家格小番へ降格の上、持高取揚げ、転は慎みを命ぜられる○同月二八日、名寄帳二八冊・名寄目録一〇通を支配方書役へ差出す○三月一六日、中屋敷（四七七坪）・下屋敷（三〇三坪）取揚げとなる○その後持高二九九石余所持を許される○同月二五日、数馬は八郎左衛門、転は佐平太と改名（その後、恐らく明治初年、笑左衛門と改名）○八月一七日、佐平太は薩英戦争の	二月二〇日、海老原清熙、屋久島遠島となる。その他も処分を受ける○同月二一日、趣法方廃止○七月二一日、薩英交戦

年号	西暦	年齢	事項	一般事項
			折の功により赦免	
元治元	一八六四		四月一五日、八郎左衛門は隠居、左平太、家督を相続する。その後嫡子直元服を取消される	六月、鹿児島に開成所設置○七月一九日、禁門の変
明治二〇	一八八七		この年ごろ、稲富より調所への復姓を許される	一二月六日、島津久光没する

参考文献

『上村文書』

調所自筆の日記・書簡等を中心にした史料は現在鹿児島県肝属郡高山町上村秀(しげる)氏の所蔵となっている(このうち書簡等については筆者が、鹿児島純心女子短大研究紀要第一五・一六号に紹介した)。

さらに海老原宗之丞清熙の書いたものが多く書写して伝えられており、重複が多いが左に列記する。

『調所広郷履歴概略』『調所広郷履歴』『調所広郷遺事』『海老原清熙家記抄』『海老原清熙紀事鈔』『海老原清熙家記』『海老原清熙履歴概略』『海老原清熙君取調書類草稿』『海老原清熙君身上ニ関スル件』「薩藩天保度以後財政改革顚末書」(『社会経済叢書』第四巻、改造社、大正十五年)。

なお別に次がある(共に鹿児島県立図書館所蔵)。

『御改革取扱向御届手控』(写本、『顚末書』にも収録)、『調所笑左衛門書簡集』(書簡集については筆者が鹿児島県立短期大学紀要第三一号、同短大地域研究所研究年報第九号に紹介した)。

その他

土屋喬雄 『封建制度崩壊過程の研究』 弘文堂書店 昭和二一年

山内修一 『葛城彦一伝』 同伝編輯所 昭和一〇年

鹿児島県『鹿児島県史』鹿児島県 昭和一五年
樋口弘『日本糖業史』内外経済社 昭和三一年
刊行会『島津斉彬文書』上 吉川弘文館 昭和三四年
原口虎雄『幕末の薩摩』中央公論社 昭和四一年
公爵島津家編輯所『薩藩海軍史』原書房 昭和四三年
芳即正『島津重豪』吉川弘文館 昭和五五年
同『薩摩の模合と質屋』大和学芸図書 昭和五五年
上原兼善『鎖国と藩貿易』八重岳書房 昭和五六年
松下志朗『近世奄美の支配と社会』第一書房 昭和五八年
武野要子「薩摩藩の琉球貿易と貿易商人石本家の関係」
(宮本又次編『九州経済史論集』第二巻) 昭和三一年
五味克夫「調所氏寸考」(『日本歴史』一六二号) 昭和三六年
黒田安雄「薩摩藩天保改革末期の給地高改正」(『九州史学』第六一号) 昭和四七年
同「文化文政期長崎商法拡張をめぐる薩摩藩の画策」(『史渕』第一一四輯) 昭和五二年
上原兼善「天保十五―弘化三年の沖縄への外船来航と薩摩藩」(『南島史論』) 昭和四七年
同「薩摩藩における唐物仕法の展開」(『史渕』第一一三輯) 昭和五一年
同「藩貿易の展開と構造」(『日本史研究』第二一五号) 昭和五五年

桑波田興「薩摩藩郷士の貸付経営について」(『薩摩藩の基礎構造』) 昭和四五年

なお『旧記雑録追録』『斉興公史料』『斉彬公史料』『新納久仰雑譜』『竪山利武公用控』等は鹿児島県より『鹿児島県史料』として刊行。

著者略歴

大正四年生れ
昭和十三年東京帝国大学文学部国史学科卒業
鹿児島県立図書館長兼鹿児島県維新史料編さん所長、鹿児島県立短期大学教授を経て
現在　鹿児島純心女子短期大学教授

主要著書
薩摩の模合と質屋　薩摩人とヨーロッパ　鹿児島県民の百年〈編〉　島津重豪

人物叢書　新装版

調所広郷

昭和六十二年五月十日　第一版第一刷発行
平成　二　年十月十日　第一版第二刷発行

著者　芳(かんばし)即正(のりまさ)
編集者　日本歴史学会　代表者　児玉幸多
発行者　吉川圭三
発行所　株式会社吉川弘文館
東京都文京区本郷七丁目二番八号
郵便番号一一三
電話〇三―八一三―九一五一〈代表〉
振替口座東京〇―二四四
印刷＝平文社　製本＝ナショナル製本

『人物叢書』(新装版)刊行のことば

人物叢書は、個人が埋没された歴史書が盛行した時代に、「歴史を動かすものは人間である。個人の伝記が明らかにされないで、歴史の叙述は完全であり得ない」という信念のもとに、専門学者に執筆を依頼し、日本歴史学会が編集し、吉川弘文館が刊行した一大伝記集である。

幸いに読書界の支持を得て、百冊刊行の折には菊池寛賞を授けられる栄誉に浴した。

しかし発行以来すでに四半世紀を経過し、長期品切れ本が増加し、読書界の要望にそい得ない状態にもなったので、この際既刊本の体裁を一新して再編成し、定期的に配本できるような方策をとることにした。既刊本は一八四冊であるが、まだ未刊である重要人物の伝記についても鋭意刊行を進める方針であり、その体裁も新形式をとることとした。

こうして刊行当初の精神に思いを致し、人物叢書を蘇らせようとするのが、今回の企図である。大方のご支援を得ることができれば幸せである。

昭和六十年五月

日本歴史学会

代表者　坂本太郎

〈オンデマンド版〉
調所広郷

人物叢書　新装版

2020年（令和2）11月1日　発行

著　者　芳(かんばし)　即(のり)　正(まさ)

編集者　日本歴史学会
代表者　藤田　覚

発行者　吉川道郎

発行所　株式会社　吉川弘文館
〒113-0033　東京都文京区本郷7丁目2番8号
TEL　03-3813-9151〈代表〉
URL　http://www.yoshikawa-k.co.jp/

印刷・製本　大日本印刷株式会社

芳　即正（1915～2012）

ISBN978-4-642-75081-3